国家自然科学基金项目"高速铁路动态定价与席位控制的联合决策优化研究"（72061028）资助

高铁席位存量控制
理论与方法

闫振英 著

东南大学出版社
SOUTHEAST UNIVERSITY PRESS
·南京·

内容简介

本书从提高高铁收益的角度出发,系统研究了多级票价体系下的席位存量控制问题。本书首先对多级票价体系下的席位存量控制问题进行剖析并构建基本模型。然后从两个角度研究基本模型的近似求解方法。其一,基于动态规划分解和仿真的方法研究席位存量动态控制优化;其二,利用随机规划模型近似描述基本模型,研究基于预订限制控制的席位存量控制优化问题。最后考虑可变编组动车组的应用,研究基于柔性容量的席位存量分配优化问题。

本书可供从事高速铁路收益管理工作的科研人员和专业技术人员学习使用。

图书在版编目(CIP)数据

高铁席位存量控制理论与方法 / 闫振英著. — 南京:东南大学出版社,2022.4
 ISBN 978-7-5766-0049-0

Ⅰ.①高… Ⅱ.①闫… Ⅲ.①高速列车-客运管理-研究 Ⅳ.①U293.1

中国版本图书馆 CIP 数据核字(2022)第 043557 号

责任编辑:丁 丁　　责任校对:张万莹　　封面设计:王 玥　　责任印制:周荣虎

高铁席位存量控制理论与方法

Gaotie Xiwei Cunliang Kongzhi Lilun Yu Fangfa

著　　者	闫振英
出版发行	东南大学出版社
社　　址	南京市四牌楼 2 号(邮编:210096　电话:025-83793330)
经　　销	全国各地新华书店
印　　刷	广东虎彩云印刷有限公司
开　　本	700mm×1000mm　1/16
印　　张	8
字　　数	152 千字
版　　次	2022 年 4 月第 1 版
印　　次	2022 年 4 月第 1 次印刷
书　　号	ISBN 978-7-5766-0049-0
定　　价	58.00 元

本社图书若有印装质量问题,请直接与营销部联系,电话:025-83791830。

preface 前言

随着我国高速铁路的建设和发展,高铁已成为我国主要的旅客运输方式。但是,高铁建设投入大,运营成本高,许多高铁线路处于亏损状态。如何优化运营收益以保证高铁可持续发展成为高铁发展亟待解决的问题,因此高铁收益管理成为国内的研究热点。高铁客票不再是以固定费率、单一形式的价格出售,多级动态票价体系即将逐步实施。面向固定票价的席位存量控制理论和方法将不能满足多级票价体系下的存量控制需求。在此背景下,本书从提高高铁收益的角度出发,对多级票价体系下的席位存量控制问题进行了系统的研究。

本书首先对多级票价体系下的席位存量控制问题进行剖析并构建基本模型。然后从两个角度研究基本模型的近似求解方法。其一,基于动态规划分解和仿真的方法研究席位存量动态控制优化;其二,利用随机规划模型近似描述基本模型,研究基于预订限制控制的席位存量控制优化问题。最后考虑可变编组动车组的应用,研究基于柔性容量的席位存量分配优化问题。主要的研究工作及结论如下:

(1) 基于多级票价体系的席位存量控制问题的理论分析和基本模型构建。首先,分析我国高铁运营特征,从政策环境、技术经济特征和软硬件技术支撑等几个角度分析实施收益管理的可行性。其次,从供需平衡的理论出发,分析多级票价体系下的席位存量控制问题。最后,考虑旅客购票选择行为,对基于多级票价体系的席位存量控制问题建立动态规划基本模型,根据模型特点指出近似求解和获得控制策略的思路,为后续研究奠定理论基础。

(2) 基于动态规划分解的席位动态控制优化方法研究。本书采用动态规划分解和仿真的方法近似求解席位存量控制基本模型,将基于最小二乘法的策略迭代算法与基于马尔科夫链选择模型的品类优化算法相结合,提出席位动态控制模型的近似求解算法和实时控制策略的生成算法,并设计仿真实验验证了算法和控制策略的可行性和有效性。

（3）基于随机规划的多级票价体系下高铁席位存量分配模型和控制策略仿真研究。首先，本书采用随机规划的方法研究席位存量控制问题，利用高铁运输市场中旅客的选择行为对随机需求进行细分，构建与基本模型近似的席位存量分配模型，然后将其转化为等价的线性规划模型并利用 ILOG CPLEX 快速求解。其次，基于最优分配结果，生成单阶段静态预订限制控制策略和多阶段动态预订限制控制策略，并设计仿真算法对比研究两种控制策略的性能。最后，通过数值实验验证了模型和控制策略的有效性。

（4）基于可变编组的高铁席位存量控制优化研究。可变编组技术使得高铁列车可通过调节编组方案获得一定的席位容量柔性。本书分别针对单列车和多列车的情形，建立可变编组与席位存量分配的联合优化模型，并给出相应的求解方法。数值实验表明收益管理和灵活编组的联合优化可提高期望利润。当需求强度较低时，灵活编组有助于供需匹配，通过减少运营成本来获得更高的利润；当需求强度增加到一定程度时，通过权衡成本和收益来获得更高的利润。

本书的创新之处主要体现在以下几点：

（1）提出了综合考虑随机需求、旅客选择行为、多级票价体系、多列车、多停站的高铁席位存量动态控制优化方法。针对基于多级票价体系的高铁席位存量控制模型，设计两阶段控制机制，提出将基于仿真的近似动态规划算法与马尔科夫链品类优化算法相结合的近似求解算法和在线生成实时控制策略的算法，为基于顾客选择的网络收益管理问题提供了新的解决思路。相对于既有的研究成果，该算法可以得到高铁席位动态控制实时优化策略，并且面向多种选择行为模型，具有较好的扩展性。当积累足够历史样本数据时，可应用大数据分析和机器学习的技术定期更新选择行为参数和投标价格，实现控制策略的持续优化。

（2）提出了综合考虑随机需求、旅客选择行为、多级票价体系、多列车、多停站的高铁席位存量静态分配模型，并生成席位存量控制策略。既有研究中高铁席位存量分配主要针对单一票价下列车席位在不同 OD 之间的分配，少量多级票价下的席位存量分配研究则以独立需求为假设。本书以优化高铁收益为目标，采用随机规划的方法构建了基于旅客选择行为的高铁列车席位存量分配模型，提出多级票价体系下高铁席位存量多列车协同分配的方法，并以最优分配结果为基础生成席位存量的单阶段静态控制策略和多阶段动态控制策略。

（3）提出基于可变编组的高铁列车席位存量分配优化模型。既有高铁席位控制优化研究中未见考虑可变编组情形下的席位存量控制问题。既有收益管理理论研究主要基于固定容量进行研究，以及少量以航空机型调换为背景的柔性容量的理论研究。本书以可变编组策略调节席位容量为背景，提出可变编组与席位存量分配的联合优化模型，通过实验分析获得可变编组下席位存量分配的基本规律。

本书是在韩宝明教授的指导下完成编写的。此外，朱晓宁教授、李得伟教授和张琦副教授对本书的编写提供了宝贵的指导意见。在资料的收集、调研和写作过程中，得到了中国铁路北京局集团有限公司、中国铁路西安局集团有限公司、王莹博士、卢恺博士、刘佩博士、尹永昊博士、董欣垒博士、李晓娟博士、菅美英博士、霍月英博士、兰贞硕士、徐亦伟硕士等单位和同仁的帮助和支持，谨在此向他们表示诚挚的谢意！

感谢北京交通大学董宝田教授、周磊山教授、何世伟教授、韩梅教授、马敏书副教授、中国铁道科学研究院田长海研究员、中国国家铁路集团有限公司教授级高级工程师廉文彬对我的研究提出的宝贵意见和建议。

由于本书编写时间较紧和编者业务水平有限，在全书内容的组织和文献材料的取舍方面，难免存在诸多不当和疏漏之处，热诚欢迎国内外铁路运输同行和专家及各位读者给予批评指正。

编者

2022 年 1 月 1 日

contents 目 录

第1章 绪论 ·· 001
  1.1 研究背景及意义 ·· 001
    1.1.1 研究背景 ·· 001
    1.1.2 研究意义 ·· 003
  1.2 国内外研究现状 ·· 004
    1.2.1 收益管理理论研究现状 ···································· 004
    1.2.2 铁路收益管理理论研究现状 ······························ 007
    1.2.3 铁路客运收益管理应用实践 ······························ 012
    1.2.4 研究现状总结 ·· 013
  1.3 研究内容及结构框架 ··· 013
    1.3.1 研究目标 ·· 013
    1.3.2 研究内容 ·· 014
    1.3.3 结构框架 ·· 016

第2章 基于多级票价体系的席位
存量控制问题分析 ··· 018
  2.1 高速铁路运营特征分析 ·· 018
  2.2 高速铁路收益管理的可行性分析 ······························· 023
    2.2.1 政策环境 ·· 023
    2.2.2 技术经济特征 ·· 023
    2.2.3 软件和硬件技术支撑 ····································· 025

2.3　基于多级票价体系的席位存量控制理论分析 ········· 026
　　　　2.3.1　问题描述 ········· 026
　　　　2.3.2　问题分析 ········· 029
　　　　2.3.3　问题建模 ········· 032
　　　　2.3.4　模型特点 ········· 033
　　　　2.3.5　求解思路 ········· 034
　　2.4　本章小结 ········· 035

第3章　基于动态规划分解的高铁席位存量动态控制优化 ········· 036
　　3.1　基于资源分解的席位存量动态控制方法 ········· 037
　　　　3.1.1　高铁收益管理动态规划模型 ········· 037
　　　　3.1.2　动态控制模型的求解复杂度分析 ········· 039
　　　　3.1.3　两阶段席位动态控制机制 ········· 039
　　3.2　基于马尔科夫链选择模型的品类优化问题 ········· 040
　　　　3.2.1　马尔科夫链选择模型 ········· 040
　　　　3.2.2　品类优化模型 ········· 043
　　　　3.2.3　基于马尔科夫链选择模型的品类优化求解算法 ····· 043
　　3.3　基于最小二乘法的策略迭代算法 ········· 045
　　　　3.3.1　价值函数的近似 ········· 045
　　　　3.3.2　近似策略迭代算法 ········· 046
　　　　3.3.3　参数更新 ········· 049
　　3.4　仿真实验 ········· 050
　　　　3.4.1　实验数据 ········· 050
　　　　3.4.2　结果及讨论 ········· 052
　　3.5　本章小结 ········· 055

第4章　基于随机规划的高铁席位存量静态分配优化 ········· 056
　　4.1　高铁席位存量分配问题描述 ········· 058
　　　　4.1.1　旅客选择行为 ········· 058
　　　　4.1.2　随机需求 ········· 059
　　4.2　高铁席位存量随机分配模型 ········· 060
　　　　4.2.1　模型建立 ········· 060
　　　　4.2.2　模型求解 ········· 061

4.3 高铁席位存量控制策略 ………………………………………… 061
    4.3.1 单阶段静态控制策略 ……………………………………… 062
    4.3.2 多阶段动态控制策略 ……………………………………… 063
4.4 数值实验 …………………………………………………………… 064
    4.4.1 小规模实验 ………………………………………………… 064
    4.4.2 扩大规模实验 ……………………………………………… 065
    4.4.3 控制策略仿真实验 ………………………………………… 071
4.5 本章小结 …………………………………………………………… 075

第 5 章 高铁席位存量分配与可变编组决策的联合优化 …………… 076

5.1 可变编组技术应用分析 …………………………………………… 076
    5.1.1 可变编组的编组形式 ……………………………………… 077
    5.1.2 可变编组的应用前景分析 ………………………………… 079
    5.1.3 可变编组与存量控制联合优化的意义 …………………… 081
5.2 单列车席位存量分配与可变编组联合优化模型 ………………… 082
    5.2.1 问题描述 …………………………………………………… 083
    5.2.2 模型建立 …………………………………………………… 083
    5.2.3 粒子群求解算法 …………………………………………… 084
5.3 多列车席位存量分配与可变编组联合优化模型 ………………… 087
    5.3.1 问题描述 …………………………………………………… 088
    5.3.2 模型建立 …………………………………………………… 089
    5.3.3 模型求解 …………………………………………………… 091
5.4 数值实验 …………………………………………………………… 091
    5.4.1 单列车优化实验 …………………………………………… 091
    5.4.2 多列车优化实验 …………………………………………… 095
    5.4.3 实验总结 …………………………………………………… 102
5.5 本章小结 …………………………………………………………… 103

第 6 章 结论与展望 …………………………………………………… 104

6.1 主要研究工作及结论 ……………………………………………… 104
6.2 主要创新点 ………………………………………………………… 106
6.3 研究展望 …………………………………………………………… 107

参考文献 ……………………………………………………………… 108

第 1 章　绪论

1.1　研究背景及意义

1.1.1　研究背景

近十年,我国高速铁路建设蓬勃发展,截至 2018 年底,高速铁路营业里程超过 2.9 万公里,超过全世界高铁运营里程的三分之二。2018 年,高铁动车组共发送旅客 20.01 亿人次,占铁路旅客发送总量的 60.4%,高铁已成为我国主要的旅客运输方式。但是高铁建设投入大,运营成本高,许多高铁线路处于亏损状态。如何优化运营收益以保证高铁可持续发展成为高铁发展亟待解决的问题,因此高铁收益管理也成为国内的研究热点。

单一票价下的席位控制在改善高铁收益方面存在诸多局限。在前期的运营实践中,高铁采用单一票价,即遵循递远递减的原则下的固定费率。在此背景下,铁路部门通过限售、预分、共用、复用、通售等一系列售票组织策略,调控预售过程中的席位配置,缓解不同区段上供需不平衡的问题,旨在提高席位利用率、改善收益。但是,这种做法本质上并未改变供需的规模,只是在微观层面进行供给调整来匹配需求。实际运营中,许多高铁线路的客座率低导致收益也低。针对这类问题,单一票价下的席位控制策略不能起到改善总体收益的作用。利用收益管理的理论和技术,能够发挥价格对需求的调节作用。对相同的席位设置不同的票价,形成多级票价体系,不仅可以扩大需求规模,还可以均衡运输需求。从高铁运输企业的角度出发,研究多级票价下的席位管理与控制,能从供需两个角度进行调节从而实现匹配,可以把最为合适的客票产品销售给最为合适的旅客,从而改善高铁运营收益。从旅客的角度出发,多级票价可扩大高铁的受益群体,且不同收入的人群都可以选择合适的高铁客票出行。

高铁客票定价自主权下放，我国高铁积极探索和实践更加灵活的票价体系。自 2016 年国家发展改革委放开高铁动车组列车定价自主权，中国国家铁路集团有限公司开始尝试利用票价来扩大需求规模和引导需求分配。2017 年 4 月 21 日，我国东南沿海时速 200～250 公里的动车组高铁（D 字头）列车部分车票进行了价格调整，并尝试了相同线路不同发车时间列车的差别定价，到当年 8 月，东南沿海动车组高铁列车尝试了预售期内提前预订可享受折扣的策略。其实早在 2012 年到 2014 年，沪宁、沪杭、京沪和京广等高速铁路线路就曾多次尝试淡季打折，即对于部分上座率低的高铁列车设定统一的折扣比率。这表明我国高铁正在积极探索市场运作的策略。自主定价权的松绑，为实施多级票价体系下的席位存量控制研究提供了必要的前提。

收益管理能够提高铁路运营效率，改善收益状况。收益管理（Revenue Management，RM）是运筹学最成功的应用领域之一，起源于 20 世纪 70 年代的航空业，后来广泛应用于酒店、汽车租赁、航运、广播广告、旅游等易逝商品的管理中，并向金融服务、零售业、制造业和互联网服务等领域拓展。应用收益管理的行业一般固定成本较高，边际成本较低且相对固定成本来说可以忽略。例如在民航业，许多航空公司应用收益管理技术获得 2%～7% 的年收入增长。各国将收益管理的思想应用于铁路运营管理的成功实践，说明应用收益管理能够提高铁路运营效率，改善收益状况。例如法国国家铁路公司（SNCF）就利用收益管理系统改善了旅客运输收入情况。我国高铁可借鉴民航和其他国家的实践经验，研究适应我国高铁运营特征的收益管理技术，从而提高运营效率，改善收益状况。

多级票价体系下的席位存量控制是高铁收益管理的重要研究内容。目前收益管理技术主要包括存量控制和动态定价。存量控制是指在给定不同销售价格的前提下，通过在预售期内控制和调整不同价格下的销售量使得收益最大化。而动态定价是指在预售期内不同的销售时机调整销售价格来获得最优总收益。对于高速铁路运输企业来说，根据国家发展改革委的价格政策要求，高铁动车组的票价首先应制订无折扣的公布票价，然后通过打折制订实际执行票价。公布票价和实际执行票价均要求提前公布并告知旅客，这就为高速铁路旅客运输行业实时调整价格带来了困难。此外，价格的频繁变化也不利于被公众接受。相对于动态调整价格，席位存量的调整对高速铁路运输企业来说更为灵活和方便。因此，席位存量控制是高铁收益管理的重要研究方向，即在确定各类执行价格后，以收益最大化为目标研究席位资源的最优化配置。现有席位控制的实践中尚缺乏多级票价体系下席位存量控制的方法，国外收益管理存量控制的成功经验无法直接应用，迫切需要在多级票价体系下探索席位存量控制的新理论和新方法，从而为高铁运营实践提供理论指导。

第1章　绪论

在此背景下,本书依托国家重点研发计划先进轨道交通专项"高速铁路成网条件下铁路综合效能与服务水平提升技术"项目"铁路客货运效益与服务水平提升技术"(2018YFB1201402)课题和国家自然科学基金项目"规划型与需求响应型混合模式下高速铁路柔性运行计划优化研究"(71971019),开展基于多级票价体系的高铁席位存量控制优化模型与方法的研究。

1.1.2　研究意义

1. 现实意义

本书结合我国高铁运营特征,研究多级票价体系下席位存量控制优化问题,具有如下现实层面的意义:

(1) 目前的席位控制主要基于单一票价开展,本书研究的多级票价体系下席位存量控制优化的策略和机制,能够为高铁运营管理实践提供多级票价体系下的席位控制方法和策略。对相同的席位设置不同的票价,形成多级票价体系,可利用价格杠杆扩大需求规模,调节需求分布,从而提高运力资源利用率,改善线路客座率低和列车客座率不均衡的现状。采用多级票价体系下的席位存量控制策略,有助于提高高铁运营收益,满足旅客不同层次的出行需求。

(2) 实践中通过折扣销售形成多级票价体系,需要根据市场特征确定合理的折扣和票价等级。本书提出的基于多级票价体系的高铁席位存量分配优化模型,可针对具体的市场特征对不同折扣下的策略进行测试和分析,能够为运营管理实践中采用合理的折扣销售策略提供决策依据。

(3) 实践中为应对客流变化调节列车编组往往依靠专家经验。基于可变编组列车的应用,本书提出的高铁席位存量分配与可变编组决策的联合优化模型,能够从精细匹配需求和优化收益的角度提出最佳编组的建议,为实践中列车编组方案的确定提供依据和指导。

2. 理论意义

本书研究的席位存量控制问题属于收益管理理论的范畴,结合高铁运营背景展开研究,丰富了收益管理理论体系。在理论层面的意义主要表现在以下几个方面:

(1) 本书对收益管理中基于顾客选择的网络收益管理问题进行了研究,提出了将基于最小二乘法的策略迭代算法和基于马尔科夫链选择模型的品类优化算法相结合的求解算法,其生成的存量控制方法适用性更广,为基于顾客选择的网络收益管理问题提供了一种新的近似求解方法。

(2) 收益管理的大量研究都聚焦在固定容量的方法上。本书以高铁可变编组动车组的应用为背景,对收益管理中柔性容量下的存量控制问题进行了研究和探索,拓展了收益管理的研究范畴。

(3) 铁路席位控制理论的研究主要针对单一票价的情形。本书从多个角度研究多级票价体系下席位存量控制模型和方法,还将席位存量分配和可变编组决策进行联合优化,对微观层面的席位控制与中观层面的运输计划的联合优化机制进行了初步探索,丰富了铁路席位控制的理论体系。

1.2 国内外研究现状

本书首先对收益管理理论的研究现状进行综述,为高铁席位存量控制优化提供参考性思路;然后对现有铁路收益管理理论和方法的研究进行分析,总结已取得的研究成果和不足之处,为本书的研究提供基础;最后对铁路收益管理技术应用的实践进行总结,为收益管理技术在我国高铁的应用提供经验借鉴。

1.2.1 收益管理理论研究现状

收益管理的研究起源于20世纪70年代的美国航空业。Littlewood[1]最早针对两级票价体系下单航段的座位存量控制问题提出边际收益控制策略。Rothstein针对航空业[2]和酒店行业[3]中预订取消和预定后不使用(no-show)的现象最早开始研究超售策略。自此,收益管理吸引了广大学者和业界的关注,并发展成为运筹学研究的重要领域。在Belobaba[4-6]提出经典的预期边际席位收益(Expected Marginal Seat Revenue,EMSR)启发式算法之后,收益管理技术开始在航空业广泛应用。Weatherford与Samuel[7]于1992年首次提出"易逝资产"这个术语,对收益管理问题的一般特征进行了描述,归纳出14个要素,且不同要素之间存在着关联。

1999年,McGill与Van Ryzin[8]对收益管理的研究成果进行了综述,将收益管理问题细分为需求预测、超订、座位存量控制和定价四个方面,并指出未来的四个研究方向:① 融入离散选择行为的研究;② 可实施的动态规划,虽然动态规划全面应用于航空收益管理不太现实,但是可以用在异常重要的网络段,还可以作为其他近似方法的校准器;③ 起讫点票价(Origin-Destination-Fare,ODF)收益管理方面,投标价格的精确度尚存在研究空间,以及考虑将控制策略与超订结合起来;④ 一体化优化决策方案,包括定价和座位分配的联合优化,预订限制控制策略与机队分配、长期线路规划、市场发展决策等的联合优化。后期大量的收益管理研究都是沿着这些方向开展,并且取得了一系列的研究成果。下面从座位存量控制、动态定价和动态定价与存量控制的联合优化的角度进行总结,为本书的研究提供参考性思路。

第 1 章 绪论

1. 座位存量控制

座位存量控制是航空领域广泛应用的收益管理技术,通过设置多级票价体系,控制各级票价体系下的座位存量来实现收益的最大化。航空运输中座位存量控制可分为单航段和网络的情形。单航段的情形下,座位资源只服务于单个 OD,存量控制的方法较为简单。网络情形下,每个航段的座位资源由不同的 OD 共用,存量控制问题较为复杂。由于高铁列车运行中往往超过 2 个停靠站点,因此高铁席位存量控制问题可归入网络座位存量控制的范畴,在此重点分析网络情形下座位存量控制的优化模型和方法。2004 年,Talluri 与 Van Ryzin[9]总结出分割式预订限制、虚拟嵌套和投标价格三种网络存量控制方式。从获取不同控制策略的方法来看,主要包括基于网络模型的近似方法和基于分解的近似方法。前者主要有确定性线性规划模型(Deterministic Linear Programming Model,DLP)、概率非线性规划模型(Probabilistic Nonlinear Programming Model,PNLP)以及随机线性规划模型(Randomized Linear Programming Model,RLP)。而后者的主要思想是将网络问题近似分解为单一资源的问题进行优化,包括 OD 因素法、基于比例的 EMSR、调节置换成本的虚拟嵌套、动态规划分解、迭代分解方法等。

为了实现供给与需求的高度匹配,座位存量控制的研究开始将顾客选择行为引入存量控制模型。2004 年,Talluri 与 Van Ryzin[10]率先考虑顾客选择行为建立单航段收益管理模型,用多项分对数模型(Multinomial Logit Model,MNL)描述顾客选择开放子集产品的概率,并证明最优控制策略是由有序的"有效集"构成。Cooper 等[11]指出采用已有的预定数据去估计需求,未被满足的那部分需求被忽视,会导致收益管理系统出现"螺旋下降"的现象,从而导致收益的降低,揭示了考虑消费者选择行为的重要性。此后,在网络收益管理的研究中越来越关注顾客选择行为。Zhang 和 Cooper[12]首先针对平行航班的问题(产品间资源不共用)引入顾客选择行为,并给出了价值函数的上界和下界。

对于一般性的网络收益管理问题,Liu 与 Van Ryzin[13]研究了考虑选择行为的确定性收益管理问题(Choice-Based Deterministic Linear Program,CDLP),提出采用列生成的方法求解该线性规划,然后利用 CDLP 的对偶价格将网络收益管理动态规划分解为基于资源的动态规划模型,从而近似估计价值函数的梯度,但是仅适用于顾客选择集无交叉的情况。Bront 等[14]在 Liu 与 Van Ryzin[13]的基础上研究顾客选择集存在交叉时的控制问题,证明采用混合 Logit 刻画顾客选择行为时列生成子问题是一个 NP-hard 问题,并提出贪婪启发式算法。后续研究对 Liu 与 Van Ryzin[13]的工作进行了多角度拓展,如基于时间依赖的动态规划分解[14]、较为复杂的选择模型描述[15-17]、随机需求[18-19]、更紧的上界[20-21]等方面。区别于数学规划近似价值函数的方法,Van Ryzin 和 Vulcano[22]、Koch[23]则采用仿真模拟的方式来近似价值函数梯度。此外,Chen 与 Homem[24]研究基于排序的选择模型下的网络收益管理数学规划模型,Feldman 和 Topaloglu[25]则利用马尔科夫链选择模型刻画选择行为并对网络收益管理问题进行研究。更多关于考虑选择行为的网络收益管理的内容可参见 Straussa 等的综述[26]。

2. 动态定价

动态定价是另一类收益管理技术,通过在预售期调节产品的价格来实现收益的最大化,主要应用于调价容易、存量控制较难实现的领域。关于动态定价问题,Bitran 与 Caldentey[27]给出了通用模型,剖析需求属性、产品特征、信息等因素对动态定价模型的约束和影响,并且将动态定价问题按照需求属性分为确定性和随机性两类,按照产品特征分为单产品和多产品两类,分别进行了研究成果的总结。单产品定价的经典 GVR 模型是由 Gallego 与 Van Ryzin[28]提出的,后续的许多研究都是在此基础上进行拓展。Feng 与 Gallego[29]在 GVR 基础上,针对需求函数是一般函数的情形,提出了两级票价结构的收益管理模型,并得出了最优定价策略。Bitran 与 Mondschein[30]假定价格可以多次调整,利用动态规划研究季节性商品的周期性定价策略。

关于多资源、多产品动态定价问题,Gallego 与 Van Ryzin[31]基于随机需求建立模型,并给出最优性条件。随机需求被描述为具有一定密度的随机点过程,其密度是产品价格和时间的函数。模型在有限的销售期内为成品制订合理价格,使得整个销售期内的总期望收益最大。其研究还利用确定性需求模型分析了随机问题的上界,并且证明了随机问题的两种启发式算法在期望销售量趋于无穷大时是渐进最优的。You[32]则利用动态定价模型研究了多预定等级下的座位控制问题,旨在剩余可用座位数和剩余销售时段的约束下决策最优价格,使得航空公司期望总收益最大。该动态定价策略包括各预订等级的最优价格和最佳关闭时刻。对于单航段和双航段的情形,文献利用关键预定容量集合提升求解效率。Zhao 与 Zheng[33]针对一般非齐次需求的易逝资产动态定价模型,证明库存的边际收益随着时间的推移而减少,从而证明在任何给定的时间,最优价格随库存的增加而下降,并给出在给定库存水平下最优价格随时间下降的充分条件。这些结构性质能够有效改善最优策略的计算效率。Feng 与 Xiao[34]针对连续时间、离散价格集的情形,证明了最优价格在备选价格集合的一个子集中产生,从而缩小问题求解规模,这一理论被称为最大凹向包络理论。Feng 与 Gallego[35]考虑更为接近现实的情况,研究了当价格和与之相关的需求密度随着时间和已售产品数量变化时,价值函数和最优动态定价策略的性质,并提出了高效的求解算法。Chatwin[36]则研究了预先确定好有限的备选价格集的易逝资产动态定价问题,考虑独立、随机需求,验证了期望总收益与和最优价格策略与剩余库存和销售时间的关系。

此外还有对动态定价从多个角度的扩展研究,比如Currie等[37]研究了竞争环境下的动态定价,Levin等[38]、Feng与Xiao[39]则考虑了决策者的风险偏好。关于动态定价的研究进展还可以参考Chen等[40]的研究。

3. 动态定价与存量控制的联合优化

Weatherford[41]最早提出同时考虑动态定价和存量控制的收益管理模型,认为不同等级的价格影响需求,应将价格也作为决策变量。数值实验表明,没有进行协同决策的次优解比联合决策的最优解收益减少3%～5%。李晓花和萧柏春[42]针对单个产品、单一航段建立动态定价与存量控制的统一分析模型,并提出三阶段求解方法。第一阶段采用最大凹向包络原理确定最优价格备选集;第二阶段推导得到舱位等级的最佳开放时刻;第三阶段推导出各舱位开放的最优价格。Feng与Xiao[43]指出动态定价和存量控制联合决策时与单纯定价模型类似,最优价格仍然来自最大包络子集,但是由于最优价格的动态改变,在一般情形下不一定能够保持嵌套价格结构。Chew等[44]针对两个销售阶段的产品设计离散时间动态规划模型,求解得到最优价格和最优库存控制策略。而对于两个以上的销售阶段,文章提出3种启发式方法,数值实验表明启发式方法的期望收益非常接近最优解。Becher[45]探讨了基于模糊控制的存量和价格的协同控制问题。Cizaire[46]从两个产品、两个销售阶段、确定性需求入手研究票价和存量控制的联合优化问题,将问题拓展为随机需求时,发现联合优化比传统收益管理增加3%～4%的收益。之后再次拓展为多阶段随机模型,问题复杂性增加,设计了3种近似启发式方法,其中两种方法的收益与随机模型非常接近,但是该研究中未考虑多个产品共用资源的网络效应问题。

此外,对于动态定价和存量控制的联合优化问题,许多学者采用分阶段的方式进行研究。李豪等[47]将乘客分为两类,对于购买折扣客票的乘客采用存量控制策略,对于购买普通票的乘客采用动态定价策略,求得了存量控制的阈值,指出最优价格为一个一元规划问题的最优解。之后,李豪和彭庆[48]在李豪等[47]研究的基础上引入了竞争关系。倪冠群等[49]提出"旺季假设"下动态定价与舱位控制的联合控制策略,摒弃需求与价格的函数关系的基本假设,能够得到动态最优价格及该价格下的销售数量,但是,在没有"旺季假设"的一般情形下的竞争性能并不理想。杨华龙等[50]、刘迪[51]研究了集装箱班轮运输两阶段舱位分配与动态定价模型,第一阶段针对合同客户建立舱位分配模型,第二阶段针对现货客户建立动态定价模型。

1.2.2 铁路收益管理理论研究现状

Armstrong和Meissner[52]针对铁路收益管理的相关研究进行了综述和分析,

包括铁路货运收益管理和客运收益管理两个方面。国内外学者分别从席位存量控制优化和票价优化的角度对客运收益管理展开了研究。

1. 席位存量控制优化

目前已有的铁路收益管理主要是沿用航空收益管理中席位存量控制的优化方法,将席位存量控制结合铁路网络的自身特点进行改进。Ciancimino 等[53]最早将铁路收益管理总结为多区段单等级票价(Multi-Leg Single-Fare,MLSF)的收益管理问题,建立了确定性线性规划模型和随机非线性规划模型,设计惩罚-拉格朗日算法,并利用意大利公共铁路的数据进行数值实验。他的研究不考虑网络连接客流和旅客的选择行为,此后的研究大多以此为基础。You[54]在 Ciancimino 等[53]研究的基础上将铁路席位存量分配问题由单个票价等级拓展为两个票价等级,并且考虑了超售的情况,提出了由确定性线性规划模型产生初始解,由粒子群算法进行迭代寻优的启发式求解算法,该算法求解效率高且准确性好。包云等[55]考虑优先满足长途旅客的购票需求,在需求确定的前提下建立单一列车多停站的嵌套式席位存量控制模型,并设计蚁群算法进行求解。赵翔等[56]在 You[54]研究的基础上,考虑停站方案对票额分配的影响,在已知停站方案的前提下建立票额分配的非线性整数规划模型,同样设计粒子群算法进行求解。而骆泳吉等[57]则建立了考虑设置通售席位的随机规划模型,采用确定性线性规划模型求得初始可行解,对随机样本采样,模拟售票过程,近似计算样本收益梯度,从而迭代优化决策变量。李丽辉[58]沿用 You[54]研究的建模思路,针对独立连续随机需求,建立多级票价下的席位静态嵌套控制模型。以上研究都是席位存量控制的静态优化模型。

关于席位存量控制的动态优化模型,朱颖婷[59]提出了铁路嵌套与投标价格控制相结合的离散时间动态存量控制模型,采用随机梯度法来计算区段竞价。区段竞价更新次数越多,总期望收益越大。然而,以上研究都没有考虑旅客的选择行为。

将旅客选择行为引入收益管理的研究中,放松产品间需求独立的假设,在此基础上可以对需求进行细分。既有研究中一部分利用离散选择模型描述旅客对各产品的选择概率,还有一部分利用转移购买概率描述旅客购票过程中转移购买的行为。Ongprasert[60]研究了基于旅客选择行为的客流预测、席位初始分配模型以及非高峰时期的票价折扣问题。Hetrakul 与 Cirillo[61]采用了 MNL、潜在类别模型(Latent Class)和 Mixed Logit 模型,利用网络订票数据对旅客的购票日期选择行为进行了研究。结果表明:票价、提前预订、一天内的出发时间、一周内哪天出发对购买时间决策具有显著影响。之后,又将购票决策行为与优化算法结合,建立了定价和席位分配的联合优化收益管理模型[62],结果表明潜在类别模型的期望收益增加虽然较 MNL 模型低,但是更符合实际,该模型的优化效果依赖于需求预测的准确性,没有反映出需求的不确定性。

假设产品间的需求不独立,其中低价票售完后部分需求转移购买高价票的行为被称为 Buy-up 行为。现有文献研究中,通常以一定的概率来描述 Buy-up 行为。对于确定性需求,张力与蓝伯雄[63]利用需求均值和已知 Buy-up 概率建立了确定性混合整数规划模型。对于随机性需求,钱丙益等[64]沿用 You[54]的随机需求处理方式,增加 Buy-up 行为的概率,同样采用线性规划与粒子群算法相结合的算法求解随机非线性规划模型。

近年来,越来越多的研究将旅客选择行为应用于席位控制中,包括集计选择行为描述和离散选择模型。关于集计选择行为,史峰等[65]考虑旅客集体乘车选择行为,认为旅客选择会在基于列车开行方案的换乘网络上形成用户平衡态,以最大化直接人公里数为目标提出多列车票额分配计划的制订方法。离散选择在席位控制中的应用较为广泛。钱丙益[66]以多区段、多车次、多票价等级的高铁网络为研究背景,假设旅客依据自己的偏好顺序清单选择客票产品,以期望总收益最大为目标研究了席位动态控制问题。包云[67]系统刻画了铁路列车席位控制理论与方法,分别针对单一列车单个票价、多列车单一票价和多列车多等级票价建立动态席位控制模型,其中多列车的席位控制模型中引入了离散选择模型。Hosseinalifam 等[68]研究基于偏好序选择的动态资源配置问题,包含参数和非参数混合选择模型。Hosseinalifam 等[69]提出了一个新的基于顾客选择的数学规划方法来估计投标价格,将需求假设为非齐次泊松过程,考虑顾客在同一时期不同产品间的选择,采用投标价格作为控制策略,并将模型用于 Thalys 高速铁路系统的子网络进行了测试。Wang 等[70]研究铁路旅客收益管理中的席位分配问题,针对单一线路,将不同速度列车和不同等级席位组合产生产品选择集;还将铁路之外的竞争者合并列入产品选择集。采用 MNL 刻画旅客对不同产品的选择概率,建立单阶段和多阶段两个随机规划模型,根据最优解建立单阶段决策、重复优化单阶段模型的多阶段决策和多阶段模型的决策,通过大量仿真测试,发现重复优化单阶段模型的多阶段决策收益最高。骆泳吉[71]考虑铁路售票过程中指定席位带来的能力变化问题,对列车席位能力的若干种能力特征进行了定义和分析,并在此基础上,对单一列车席位控制和多列车席位控制的方法、模型和算法进行了研究,但是该研究成果是基于单一固定票价获得的。赵翔等[72]考虑运行时间和票价对旅客选择相邻发车时刻的列车具有显著影响,利用多项 Logit 描述旅客车次选择行为,研究高铁列车间的差别定价与票额分配的组合优化问题,旨在通过价格调控客流在列车间的均衡分配。

需求信息作为存量控制模型重要的输入信息,其预测精度对收益管理策略的效果影响颇大。针对铁路客流需求的特点,单杏花[73]提出"四因素法"进行季节波动客流预测,并且对铁路系统实行收益管理的策略和营销系统设计进行了分析。包云等[74]对历史购票数据进行统计,采用拟合和检验的办法,指出购票请求总数服从正态分布，购票请求到达可以描述成复合非齐次泊松过程。然后，Bao等[75]利用历史订票数据进行需求预测，对比非嵌套、嵌套和投标价格的单票价等级席位控制策略的收益性能，结果表明非嵌套席位控制策略的收益效果最好。之后为了改进需求预测精度，包云等[76]将需求拆分成确定部分和随机部分，采用ARIMA对需求进行预测，在求解过程中利用期望值转换成确定问题可以减少需求的方差。骆泳吉[71]研究了基于历史客票数据的实际需求估计方法。宋河[77]基于京沪高铁历史客流量数据，利用非参数GARCH-LSSVM（Generalized Auto Regressive Conditional Heteroskedasticity-Least Square Support Vector Machine）方法进行了短期客流预测，并在此基础上考虑限售站，建立单一列车、单一票价不同OD间的席位存量分配模型。客户价值细分是由卫铮铮[78]首次引入高铁收益管理，将马尔科夫链和RFM（Recency-Frequency-Monetary）模型结合，建立基于客户分层的竞价收益优化模型。乔珂等[79]基于京沪高铁的客票数据采用潜在类别模型进行高速铁路旅客市场的细分，拟合出3类潜在类别，主要差异表现在提前购票时间和出行距离等方面。Jiang等[80]将多列车票额分配和短时客流预测结合起来，设计了动态票额调整机制。刘帆洨等[81]考虑不同OD旅客的平均购票强度，采用半马尔科夫决策过程建立单列车客票预售控制决策模型。

此外，国内外学者从其他角度对铁路收益管理问题进行了探讨。Bharill与Rangaraj[82]将收益管理原则应用在印度铁路的优质服务线路上，得到了差别定价提高收益的策略。曲思源与徐行方[83]考虑需求的随机性，假设客流需求服从正态分布，以整列车票额收益最大为目标，建立机会约束规划模型，并在一定置信水平下将机会约束转化为确定性等价类进行求解。刘华森等[84]针对单一列车问题，以运输企业收益和客座率组合的最大化为目标，对遗传算法进行改进，优化各车站间的票额分配方案。宋文波等[85]考虑旅客旅行时间，以运输企业收益和旅客效益的综合优化为目标，利用随机非线性整数规划构建了高铁多列车票额分配模型，并设计模拟退火求解算法。

2. 票价优化

高自友与四兵锋[86-89]利用双层规划模型研究铁路票价优化问题，并设计算法求解得到铁路最优票价策略。上层模型以运输企业收益最大化为目标，下层模型考虑城市间出行的旅客在不同运输方式之间的选择。陈建华和高自友[90-91]在上述研究的基础上，考虑了需求变动的情形，提出了弹性需求下的多运输方式间的客流分配均衡模型，设计基于灵敏度分析的启发式算法求解双层规划模型。

史峰等[92]借鉴国外航空收益管理动态定价理论，利用马氏纯灭过程模型研究了铁路单列车、单席别、已知票价备选集的票价动态优化问题，并提出了便于应用的实用策略。张秀敏[93]引入隐藏价格的概念，将单区段的"最大凹向包络定理"拓展到网络运输票价管理的范畴,实现在给定价格集合中选择最优价格组合的新算法。在此基础上,张小强等[94]利用马尔科夫决策过程,建立单列车、多停站、多等级座位的多级动态定价模型,利用已证明的最大凹向包络原理缩小可行价格集。数值仿真表明:增加售票期可提高期望收益,对价格敏感性高的旅客降价可获得较好的杠杆作用。朱颖婷[59]提出基于离散时间的铁路最优动态票价模型,针对单列车、多停站的网络动态定价问题,给出任意时段从备选价格集中选择最优价格策略的方法。郑金子等[95-97]系统研究了高铁客票动态优化问题。针对单一列车动态票价优化,根据客流特征确定调价时刻,建立了需求不确定的多阶段票价优化凸规划模型;另外,还建立了双层规划模型研究多列车静态差异化定价优化问题;针对多列车动态票价优化,建立动态规划模型,并设计近似动态规划求解算法。徐彦[98]采用历史售票数据对旅客进行分类,增加票价不倒挂等约束,建立高铁动态票价优化模型,并设计启发式求解算法。

3. 铁路收益管理与运营计划的协同

将铁路收益管理决策与运输计划相关要素(如运营速度、开行对数、停站方案、网络规划、列车编组等)相结合的研究也有许多有益探索。陈建华与高自友[99]在城市间多种交通运输方式竞争的条件下利用双层规划模型来描述旅客票价与线路提速方案的合理优化问题。蓝伯雄与张力[100]综合考虑收益管理与车辆调度,建立综合优化席位存量分配与发车调度计划的混合整数规划模型。张力与蓝伯雄[63]在前述研究的基础上考虑 Buy-up 行为进一步建立收益管理与车辆调度的混合优化模型。但是以上研究只考虑了所有列车都是站站停的情况。Chen 与 Wang[101]在既有高速列车又有普通列车、需求已知、考虑旅客换乘选择的情形下,针对城际客运通道,建立停站方案和票额分配的联合优化模型,设计群和声搜索求解算法。该模型以收益最大、列车数最少、需求供给匹配最好为目标。Yan 等[102]将高铁旅客运输的基础费率与资源配置进行联合优化从而提高总收益。Crevier 等[103]针对铁路货运行业提出了一个双层数学规划模型,包含定价决策和网络规划策略。Zhang 等[104]针对铁路客运服务提出定价与运输计划的联合优化模型。Wu 等[105]以京沪高铁为背景进行了动态定价与席位分配的联合优化实证研究。

收益管理与运输计划相结合的研究在航空领域开展较早。Barnhart 与 Lohatepanont 等[106]研究了收益管理与机队分配的整合。Wang 和 Regan[107]、Wang 和 Meng[108]分别研究了需求驱动的机队分配下基于航段和网络的动态收益管理问题,最终的飞机指派由被接受的预订来决定,同时决策最优动态收益管理和飞机指派。Büsing 等[109]研究了考虑舰队分配重新优化导致的运力不确定性的航空公司收益管理模型和算法。Gönsch 等[110]将柔性产品纳入收益管理的确定性线性规划模型,并证明收入有所改善。

1.2.3　铁路客运收益管理应用实践

美国国家铁路客运公司(Amtrak)是世界上最早使用铁路收益管理系统的铁路客运公司。1991 年 7 月，Amtrak 在曾用于美国航空业的 SABRE 系统上进行定制，形成了 ARROW 客票预订系统。ARROW 系统最初的目标主要是限制收益率低的短途旅客占用能力，优先满足收益率高的长途需求。系统原理是通过权衡接受预定获得的期望收益与拒绝预定损失的期望机会成本做出决策。ARROW 系统支持嵌套结构，其折扣分配模型主要是基于 EMSR，因此该系统是基于区段的预定系统。据 2006 年的报道，该系统实现了平均 3%~5% 的额外收益[111]。2005 年，Amtrak 扩大收益管理的应用范围，设置浮动价格，包括 5 个票价等级，其中高峰出行的票价最多增加 15%，非高峰期出行的票价最多降低 15%。一年后各车站的收益增加，其中客运量增幅最大的车站增加了 23%，其收益增加了 27.2%[112]。

法国国家铁路公司(SNCF)在 20 世纪 90 年代初采用了一套复杂的铁路预定和分配系统，即 Socrate 系统。该系统是由 SABRE 定制开发，包括时刻表计划系统(RailPlus)和能力管理系统(RailCap)，是集运行计划、设备分配、定价和收益管理为一体的决策支持系统[112-116]。Socrate 系统在 1993 年最初实施的时候并不成功，导致当年收益下降[113]。之后经过系统修复和调整，将票价等级由 4 个降为 2 个，同时实施改善公共关系等策略，收益管理系统的应用效果显著提高，该系统目前仍在使用。据 SNCF 估计，使用该系统平均每年增加一千七百万欧元的收益，并且能够显著降低运营成本[113]。

德国铁路公司(DBAG)于 20 世纪 90 年代末设置收益管理部，致力于开发新的客票系统，并于 2002 年 10 月推出了新的客票系统(PEP)。该系统摒弃固定的里程费率，基于竞争情况调整价格，降低了原有优惠票的优惠力度，新增提前订票和特定列车的优惠措施。应用初期，由于系统复杂，部分优惠被取消，该系统不被公众所接受。2003 年，长途列车的客运周转量与 2002 年同期相比下降 7%，营业额下降 13%。2003 年 8 月，DBAG 重新修改系统，最终实现了增加长途客流量的目标[111]。

英国的大东北铁路公司(GNER)为了优化整个网络的收益，自 2002 年开始实施"IRIS 计划"，其铁路收益优化策略来自美国的 Manugistic[111]。2004 年 6 月其收益管理系统投入使用，年收益增加了 1660 万英镑，较 2003 年增长了 40 多倍[67]。后来，铁路运输面临与公路运输和航空运输之间的竞争问题，GNER 紧跟航空票价及其条款的步伐，利用更为先进的自动系统进行动态调节，以保证铁路客票价格的竞争力。但是，GNER 的票价结构复杂，公众难于理解。例如从伦敦到爱丁堡共有 14 种客票类型[111]。

荷兰铁路采用智慧卡收集乘客个人信息，结合动态定价理论，针对线路双向客流不均衡和单向客流的时间不均衡问题,提出基于方向和基于时间的动态定价策略,从而提高收益[112,117]。

综上,国外铁路客运行业的实践表明收益管理是铁路运输企业优化运营组织、提升客票收益的有效方法。我国铁路运输信息化已达到一定水平,尤其是高铁客运,速度快、时间短、服务质量高,且与航空运输竞争激烈,适合利用收益管理原理调节供需平衡关系,从而提高收益。因此,结合我国高铁运营特点开展收益管理研究,对优化高铁运营管理水平,提升高铁运营收益,具有十分重要的理论和现实意义。

1.2.4 研究现状总结

国内外学者对于收益管理中存量控制和动态定价问题做了大量且深入的研究,在存量控制和动态定价的联合决策方面进行了探索,在收益管理与运营计划联合优化方面开展了一些研究。结合铁路运输的特点,针对我国高速铁路收益管理的理论和方法还不够全面,研究不够深入。目前研究工作的局限性主要体现在以下几个方面:

(1) 从席位存量控制的角度出发,既有铁路席位控制研究大多集中在单一票价、单一阶段的控制策略优化,而缺乏基于多级票价体系的席位控制理论与方法的研究。虽然也有部分研究考虑同一产品的多个票价等级,但是在综合考虑旅客购票选择行为、离散随机需求、多列车多停站等因素方面尚缺乏系统的理论研究。本书从铁路客运的特征出发,研究基于多级票价体系的席位存量控制的理论和优化方法。

(2) 从供给侧的角度出发,既有铁路文献对收益管理策略与运输计划相关要素的结合进行了有益的探索,但由于过于复杂而难以应用。既有航空运输中关于容量可变的收益管理模型,主要基于互换不同容量飞机的组织模式,由于运输组织的差异不适用于高铁旅客运输。随着可变编组技术的逐渐成熟,高铁运输企业可通过调节列车编组方案,在不影响列车开行计划的前提下调节供给能力,从而实现供需的最优匹配。本书在高铁客票设定为多级票价的情形下,建立基于可变编组的收益管理模型。该模型将列车编组方案与席位分配联合优化,寻求期望利润的最大化,不仅可以改善线路总收益,还可同时满足各层次旅客需求。

1.3 研究内容及结构框架

1.3.1 研究目标

本书研究的总目标是系统研究基于多级票价体系下高铁席位存量控制问题,构建基于存量控制的高速铁路收益管理理论方法体系。具体分目标如下:

(1) 从供给和需求两个角度进行问题分析，揭示基于多级票价体系下高铁席位存量控制问题的本质，考虑旅客选择行为，构建席位存量控制问题的基本模型，为开展高铁席位存量控制研究奠定理论基础。

(2) 依据基本模型，研究近似求解的方法，生成席位存量控制策略，为高铁席位管理提供决策方法和决策依据。

(3) 基于可变编组的研发和应用，研究基于可变编组的席位存量控制问题，探索柔性容量下收益管理的一些规律，并能够从优化收益的角度得到最佳编组数量的建议和席位存量分配策略。

1.3.2 研究内容

针对我国高速铁路运营的特点，本书研究我国高速铁路多级票价下席位存量控制问题，即为同一产品设定不同等级的票价，动态地调整分配给不同OD和不同票价等级下的客票产品的席位存量，以实现供需匹配，提高收益。为了实现将最合适价格的客票产品销售给最合适的旅客，需要考虑旅客购票选择行为。为了实现某OD间的旅行，旅客会面临属性不同的列车以及相同列车不同票价产品之间的选择，对旅客购票行为的刻画，有助于更准确地把握旅客需求。因此，本书首先从供需匹配的角度入手对席位存量控制问题进行理论分析，并给出问题的一般化模型，然后采用不同方法进行了研究。基于动态规划分解和仿真的思路，本书研究了席位动态控制算法和机制，即根据时变需求和旅客购票选择行为的分析，研究各个时刻各产品的可售状态。通过给出每个时刻的预售产品组合，来进行席位存量控制。基于数学规划的解决思路，本书研究了席位存量静态分配模型和控制策略，即根据需求和旅客购票选择行为的预测和分析，研究如何确定整个预售期各类产品的预订限制和生成控制策略。针对可变编组技术的成熟与应用，本书研究了容量可变的席位存量控制问题，并提出可变编组与席位控制的联合优化模型。该模型通过可变编组技术调节线路供给总量，通过多级票价调整需求总量，研究多级票价体系下的席位控制方法以实现收益最大化时供需的最佳匹配。具体的研究内容如下：

1. 基于多级票价体系的席位存量控制问题理论分析

结合我国高速铁路旅客运输的运营特征，从政策环境、技术经济特征、软件和硬件技术支撑等方面分析高铁收益管理的可行性，指出基于多级票价体系的席位存量控制技术为我国高铁收益管理的可行方向。多级票价体系是指为同样的座位设置不同的票价等级所形成的票价体系。针对多列车、多停站的高铁运营网络，从供需匹配的角度对基于多级票价体系的席位存量控制问题进行理论分析，确定问题研究的边界,建立基本模型。在对模型特点分析的基础上,提出动态规划分解近似和静态数学规划近似两种求解思路,形成多级票价下席位控制问题的理论框架。

2. 基于动态规划分解的高铁席位存量动态控制优化

该研究内容采用基于动态规划分解近似的求解思路研究固定席位容量下的席位控制问题。在列车开行方案和编组方案确定的前提下,以每列车的席位容量作为确定的已知条件。针对高铁线路多列车、多停站形成的服务网络,提出席位动态存量控制优化的方法。采用马尔科夫链选择模型近似表达旅客购票选择行为,对席位存量控制的动态规划模型进行改写,并采用基于资源分解的动态规划近似思想,设计两阶段席位动态控制方法,从而实现整个预售期的优化控制。其中,在离线阶段采用近似策略仿真迭代算法获得随时间和已售票数变化的投标价格,在线阶段采用基于马尔科夫链选择的品类优化算法得到实时可售客票集合。

3. 基于随机规划的高铁席位存量静态分配优化

该研究内容采用基于数学规划静态近似的求解思路研究固定席位容量下的席位控制问题。同样,在列车开行方案和编组方案确定的前提下,以每列车的席位容量作为确定的已知条件。考虑需求的随机性,将各类客票的预订限制数量作为决策变量,将席位存量控制优化问题采用随机非线性规划近似表达为席位静态分配模型,从而获得多等级票价体系下的列车席位存量分配结果,并据此生成单阶段静态控制策略和多阶段动态控制策略。

实际运营中,同一条高铁线路往往会开行多趟列车,不同列车上的客票产品存在替代作用,因此多列车席位存量控制协同优化有利于改善总体收益。多列车席位存量控制问题中,旅客对客票产品的选择不仅受到票价、积分、退票费等预定条件的影响,还受到发车时刻、运行时间、停站次数等列车运行特征的影响。利用离散选择模型刻画旅客在不同列车和不同票价等级产品的选择行为,构建多票价等级多列车席位控制的随机非线性规划优化模型。然后将其转化为更大规模的等价的线性规划,利用 ILOG CPLEX 进行快速求解,得到各列车各等级票价下的各产品的席位分配结果,该结果可生成存量控制策略。

4. 高铁席位存量分配与可变编组决策的联合优化研究

该研究内容对可变容量下的席位存量控制问题进行了探索。在上一项研究内容的基础上,将编组方案作为决策变量引入模型。在列车运行图已知的情形下,各列车开行频率和开行时间已知,编组方案可决定每列车的席位容量。根据可变编组的组织特征,高铁运输企业可根据需求改变编组方案,从供给和需求两个角度同时调控。基于已建立的多级票价体系,考虑不同等级票价对需求的影响以及需求的随机性，建立基于可变编组的列车编组方案与席位存量控制的联合优化模型。为了揭示柔性容量席位控制问题的收益特性，分别研究了单列车编组方案与席位存量静态分配的联合优化问题和多列车的联合优化问题。对于单列车问题，不同编组方案对应不同的席位容量，采用连续随机分布刻画需求的随机性，建立随机非线性优化模型。根据模型特点，设计粒子群算法进行求解，得到最佳编组方案和席位分配方案，设计数值实验探索收益规律。针对实际应用中编组方案和席位控制都需要多列车联合优化的情形，考虑需求的随机性和旅客在不同列车的选择行为，建立多列车基于可变编组的席位存量静态分配优化模型。根据模型特点，将其转化为等价确定性模型，利用 ILOG PLEX 进行求解，得到多列车最佳编组方案和席位分配方案。从规划层面探讨线路列车配置问题和票额预分问题，并揭示出可变容量下的席位存量控制的收益规律。

1.3.3 结构框架

围绕本书的主要研究内容，梳理本书的结构框架和各章节的关系如图 1-1 所示。各章节的主要内容如下：

（1）第 1 章绪论，阐述本书的背景和研究的意义，对收益管理理论和铁路收益管理进行了研究综述，并对铁路客运收益管理应用实践进行总结分析。在此基础上，给出本书的主要研究内容和结构框架。

（2）第 2 章基于多级票价体系的席位存量控制问题分析，针对第一部分主要内容进行研究，提出多级票价体系的席位存量控制研究的基础理论模型和研究思路，是后续章节的研究基础。

（3）第 3 章基于动态规划分解的高铁席位存量动态控制优化研究，针对第二部分主要内容进行研究，是在第 2 章基础理论分析的基础上，按照基于动态规划分解和仿真的动态近似的研究思路展开研究，提出席位存量动态控制方法和优化算法。

（4）第 4 章基于随机规划的高铁席位存量静态分配优化研究，针对第三部分主要内容进行研究，是在第 2 章基础理论分析的基础上，按照数学规划静态近似的研究思路展开研究，提出席位存量静态分配的优化模型和求解方法。

（5）第 5 章高铁席位存量分配与可变编组决策的联合优化研究，针对第四部分主要内容进行研究，是在第 2 章基础理论分析的基础上，拓展研究容量可变的席位存量控制问题，引入编组方案决策变量，改写容量约束，提出席位存量静态分配与编组方案的联合优化模型。

（6）第 6 章结论与展望，总结本书主要研究工作及结论，凝练出主要创新点，并指出不足之处和未来研究方向。

第 1 章 绪论

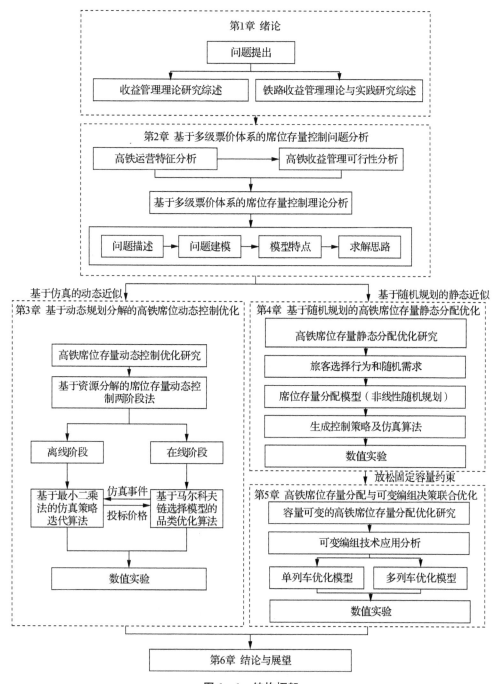

图 1-1 结构框架

第 2 章 基于多级票价体系的席位存量控制问题分析

本章从分析我国高速铁路运营特征入手,分析高铁收益管理实施的可行性,指出基于多级票价体系的席位存量控制是高铁实施收益管理策略的可行方向,并对该问题进行理论分析,建立基本模型,提出模型的近似求解思路,为后续章节的研究奠定基础。

2.1 高速铁路运营特征分析

1. 网络规模大

自 2008 年京津城际高铁开通后,我国高速铁路里程迅速增长,截至 2018 年底,高铁里程近 3 万公里,超过全世界高铁里程的三分之二。高速铁路极大改善了区域间的连通性,且以东西横线和南北纵线为骨架,区域线路和城际线路为补充,形成了全国性高铁运营网络。2019 年底京张线和张呼线投入运营后,内蒙古境内的集包线和呼鄂线也将接入全国高铁网络中。随着高铁网络规模不断扩大,客流需求规模不断增加。成网运营后,具备开行大量跨线、跨局运营的列车,旅客出行选择更为多元化。客流需求的构成不仅有正线客流,还有大量网络衔接客流。例如郑州—西安高铁,2013 年前为孤立线路,接入北京—广州高铁后,客运量增长了 43%,客运周转量增长了 72%。到 2016 年底,郑州—西安高铁上大约 50% 的客流为网络衔接客流,来自或去往正线之外的车站。因此,客流分析预测更为复杂。需求预测是席位存量控制的重要输入条件,席位存量控制的研究要考虑需求的随机性且能够及时应对需求的变化。

2. 线性服务网络

航空运输的网络结构多为枢纽式网络,如图 2-1 所示,其中从 A 点出发到 B

点,一般可由两个航班衔接组成。高铁列车形成的服务网络是线性结构,如图2-2所示。开行一列从S1到S5的动车组列车,就可以为10对OD间的旅客提供出行服务。例如京广高速铁路,自北京西站到广州南站,全长2 298公里,共设37座车站,G67次列车共停靠18站,服务153个OD,G69次列车共停靠12站,服务66个OD。传统单一票价体系下,列车的席位资源要合理分配给不同OD,以满足旅客的出行需求。多级票价体系下,席位资源不仅在OD间分配,还要在票价等级间分配。总之,高铁席位存量控制问题与航空存量控制问题在规模上和网络特征上具有明显差异。

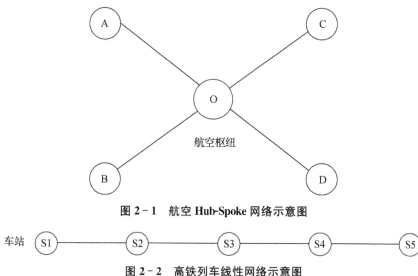

图2-1 航空 Hub-Spoke 网络示意图

图2-2 高铁列车线性网络示意图

3. 开行频率高

在许多高铁线路上,列车的开行具有"公交化"运营特征,开行频率非常高。这就意味着服务于某个OD市场的列车有许多,包括始发终到列车和中途经过的列车。例如图2-2中,对于OD对S1—S5的运输市场共开行了J列车,J列车共同服务于从S1出发到S5的旅客出行。但是,列车间存在一定差异,例如停站方案不同、运行时间不同、发到时间不同。从12306官网截取2019年8月29日的列车开行情况,从携程网站截取航班安排,表2-1对比了高铁和航空的开行频率。如北京至济南,可乘坐的高铁有97个车次,平均间隔10分钟。在"公交化"的运营特征下,各列车的席位资源分配存在着相互影响,使得席位控制优化更为复杂。此外,在一些距离远、客流需求弱的高铁线路上,开行车次并不多,例如北京至兰州仅开行两列高铁。不同运营特征下,收益优化也不可一概而论,需要研究不同条件下优化收益的策略和措施。

表 2-1　高铁与航空的开行频率对比

OD	高铁(G 和 D)			航空(直达和经停)		
	车次/次	平均间隔/min	服务时段	航班/班次	平均间隔/min	服务时段
北京—济南	97	10	6:36—22:42	12	69	7:35—20:10
北京—南京	63	16	6:36—22:44	11	85	8:50—22:55
北京—上海	47	19	6:36—21:21	61	15	6:50—21:50
北京—武汉	33	22	6:42—19:00	14	67	8:10—22:35
北京—兰州	2	258	6:27—10:45	13	83	6:05—22:40

4. 停站方案复杂

高铁线路虽然较普通铁路线站点少,但是相比航空来说,停站的次数较多,且各列车停站方案不同。如图 2-3 所示,3 列车的停站方案不同,既有像列车 G3 和 G5 这样停站较多的,也有像 G1 这样停站非常少的,每列车能够服务的客流 OD 范围也就有所差别。例如京沪线上共有 21 座车站,目前开行的列车中,G17 次列车只停北京南—南京南—上海虹桥 3 个车站,运行时间为 4 小时 18 分,而 G149 则停 14 个车站,运行时间为 6 小时 25 分。航空公司的航班设置大多为直达航班,存量控制中资源共用的问题较为简单。

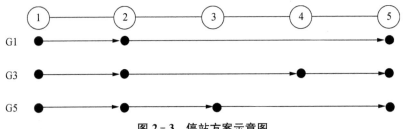

图 2-3　停站方案示意图

5. 售票的同时分配席位

航空旅客运输中购票和分配座位是两个过程,座位一般在起飞前值机时分配,这使得航空公司能够很方便地实施存量控制、超售等策略。日本和欧洲一些国家的高铁运营也存在不指定席位的现象,一些地区采用付费预订座位的方式,即额外付费可指定座位。不愿意额外付费可购买普通票,当车厢内有空座的时候可以坐,但是当车厢内的座位已被预定之后,就只能站着乘车。我国铁路旅客运输历来是在售票的同时分配具体的席位,旅客根据客票所示的席位乘车。目前的 12306 售票系统也是在旅客购票时指定席位。指定席位的售票组织特点,与资源共用耦合,增加了席位管理的难度。如图2-4所示,在第一个时段售出1张AB的票并分配席位之后,第二时段售出1张BC的票,此时为BC分配席位会直接影响剩余的客票数量,如表2-2所示。可见,席位存量控制实际上可以分为两个过程,一个是基于客票产品数量的控制,一个是具体席位分配的优化。关于席位分配,骆泳吉[71]研究了优化席位分配的算法。文曙东等[118]利用随机仿真的方式对这种席位碎片化的影响进行了分析,结果表明席位分配对高铁收益造成的损失并不大,并且指出采用顺序裂解的分配方法不会影响收益管理的效果。基于顺序裂解的分配方法能够实现席位最大限度的利用,本书在此前提下研究基于客票产品数量的最优控制方法,未考虑不同席位分配和席位裂解方法的影响。

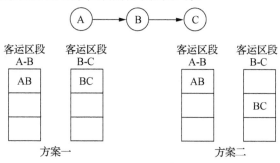

图2-4 席位分配方案对比

表2-2 不同席位分配方案下各产品剩余票数

席位分配方案	客运产品AB	客运产品BC	客运产品AC
方案一	2	2	2
方案二	2	2	1

6. 市场竞争环境

随着我国铁路运输市场化改革的不断深入,目前已改制成立中国国家铁路集团有限公司,下设18个铁路局集团有限公司。与航空运输不同,高铁运输不存在同一市场上多家公司的价格竞争,且多列车产品可以实现协作互补。但是,高铁运输在不同运输距离范围与其他运输方式形成竞争。从图2-1可以看出,高铁覆盖的运输市场范围较广。在短途运输中高铁可与公路形成竞争,长途运输中高铁可跟航空形成竞争,且高铁在不同距离的运输市场中竞争力不同。根据世界银行的报告《中国的高速铁路发展》[119],对于时速300~350 km/h的高铁服务,在150~800公里的范围内呈现出主导地位,而在800~1200公里范围内呈现与民航竞争的态势,低于150公里的范围内由高速公路主导,超过1200公里的长途运输则由民航主导,如图2-5所示。因此,灵活运用收益管理技术和营销手段有助于高铁在竞争中体现优势。

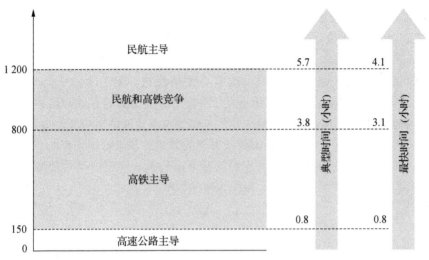

图 2-5 高铁的竞争力分析[119]

7. 票制较简单

航空公司在收益管理中一般会设置不同舱位,如表 2-3 所示,中国国际航空有限公司设计了 22 种舱位,其中经济舱设置了 9 个价格等级(除兑换、联程和其他特殊舱位外)。我国铁路运输票制较为单一,且我国铁路具有公益性的特征,纷繁复杂的票制票价会令旅客无法接受。因此,进行收益管理时,不宜设置太多票价等级。

表 2-3 中国国际航空有限公司国内航线舱位设置

序号	舱位代码	说明	序号	舱位代码	说明
1	F	头等舱公布运价	12	L	70%
2	A	头等舱折扣价	13	Q	60%
3	O	FFP(常旅客) AD(代理人) ID(内部员工) 兑换舱位	14	G	50%
4	C	公务舱公布运价	15	S	国际国内散客联程
5	D	公务舱折扣价	16	X	FFP 兑换舱位
6	I	FFP 兑换舱位	17	N	AD ID 兑换舱位
7	R	AD ID 兑换舱位	18	V	45%
8	Y	经济舱公布运价	19	U	40%
9	B	90%	20	W	国内联程
10	M	85%	21	T	国际国内团队联程/特殊销售价格
11	K	75%	22	E	国际国内团队联程/特殊销售价格

综上所述,我国高铁与国外高铁和航空相比,在网络规模、服务网络结构、开行频率、停站方案、售票组织过程、市场环境和票制设定等方面具有差异性,且不同线路在开行频率、运行距离、停站次数、竞争环境等方面也具有不同的特征。因此,需要针对具体线路特征,研究适合我国高铁运营特征的收益管理技术,从而改善收益,提高高铁资源利用率,促进高铁的可持续发展。

2.2 高速铁路收益管理的可行性分析

2.2.1 政策环境

自 2013 年,我国铁路市场化改革取得了很多成就。2013 年,撤销铁道部,组建中国铁路总公司和国家铁路局,实现政企分离。2017 年 11 月 15 日,中国铁路总公司下属的 18 个铁路局全部完成公司制改革工商变更登记,并于 19 日正式挂牌。经国务院批准同意,2019 年 6 月 18 日,中国铁路总公司改制成立中国国家铁路集团有限公司,在北京挂牌。市场化改革,企业化运营,为收益管理的实施提供了良好的基础。

2015 年 12 月 23 日,国家发展改革委发布《关于改革完善高铁动车组旅客票价政策的通知》,规定:"对在中央管理企业全资及控股铁路上开行的设计时速 200 公里以上的高铁动车组列车一、二等座旅客票价,由铁路运输企业依据价格法律法规自主制定;商务座、特等座、动卧等票价,以及社会资本投资控股新建铁路客运专线旅客票价继续实行市场调节,由铁路运输企业根据市场供求和竞争状况等因素自主制定。"自 2016 年 1 月 1 日起,铁路运输企业获得高铁客票定价权,为实施收益管理提供了良好的政策环境。

2.2.2 技术经济特征

除具备良好的政策环境外,高铁旅客运输还具备实施收益管理的其他技术经济条件,具体分析如下:

1. 旅客的异质性

如果所有的旅客对客运产品的价值感受是一致的,表现出相同的购买行为,对客运产品的支付意愿一致,对不同客运产品的偏好一致,在不同时间的购买行为一致,那么收益管理的策略很难改善收益。反而,旅客异质性越强,通过策略和技术挖掘异质性改善收益的潜力越大。高铁旅客具有较强的异质性,例如商务型旅客对发车时刻和运行时间比较敏感,休闲型旅客则对价格比较敏感,因此,通过收益管理技术能够改善高铁运输企业的收益。

2. 需求的波动性和不确定性强

需求的波动性和不确定性越强,需求管理的决策难度越大,越是需要应用复杂的技术和工具才能提升收益。高铁出行需求属于派生性需求,具有波动性和不确定性强的特征。我国铁路运输每年有春运和暑运两大高峰。春运,即春节运输,以春节为中心,共 40 天左右,每年农历腊月十五到次年正月廿五。暑运大约在每年的 7 月初至 9 月初。在这两个高峰时期,许多线路供不应求;但是在淡季,许多列车的客座率很低。此外,许多线路的客流需求呈现周期性变化,比如一周内以小时为单位统计客流,会呈现出周期性波动的规律。

3. 供给柔性差

产品的供给柔性足够大时,可根据市场需求及时调整供给水平,且产品成本中变动成本所占比例较高,此时采用复杂的收益管理技术去管理需求就失去了意义,因为只需要调整供给满足需求便可以最大化收益。航空运输中,预先确定航班和航线后,虽然在售票过程中可通过交换机型的方式适当地改变供给容量(座位数),但是对于供给的调节还是很有限的。此外,固定成本高昂,而增加一个旅客乘机的边际成本却可以忽略,产品价值易逝且不可储存,这些都使得航空运输的供给柔性很差,因此适合采取收益管理的技术。对于高铁旅客运输,首先运输能力相对固定。在运行图编制阶段,列车开行频率、运行时刻、停站、编组等因素均已确定,相应的席位容量也已确定。但是,随着可变编组技术的发展,高铁动车组可以通过调节编组数量来改变供给容量,这就意味着在预售期可以在一定的约束下进行容量的调节。需要注意的是,列车编组的调整,使得高铁供给具备一定的柔性,但是柔性有限。首先,增加或者减少编组,对席位容量的改变至少是以一节车厢的定员为单位。其次,固定成本很高,边际成本很低。固定成本主要包括铁路维养成本、列车购置成本等,还包括运营列车能耗、乘务员劳动等方面的成本,这些成本是随着列车开行频率、列车重量、运行距离等因素的变化而变化。可变编组时,运营成本会发生变化,不同的编组方案运营成本不同。边际成本,是指增加一名旅客乘车时所带来的总运营成本的变化,在确定的列车运行计划下,其他成本不变,而增加一名乘客的重量与列车自重相比可忽略不计。高铁客运产品的固定成本是边际成本的几千倍以上。再次,高铁客运产品不可储存,价值易逝。运输产品属于服务业的产品,生产过程和消费过程是统一的,不具备可储存性,且随着列车开行,未售出座位的价值消逝。总之,高铁旅客运输供给柔性较差,利用收益管理技术管理需求、挖掘收益的潜力较大。

4. 高铁客运服务品质高

航空旅客运输产品具有较高的服务品质，候机环境好，乘机舒适性高，旅行速度快。普通铁路客运产品，公益性质较强，主要满足低收入群体、时间敏感性较差的旅客的出行需求。高铁客运产品定位在速度快、舒适性高的高品质服务层次，相应的价格也会较普通铁路客运产品高，实施折扣销售的空间较大，公众对于高铁价格变化的接受程度也更高。2017 年东南沿海高铁线路尝试调价，对平行列车实行差异化定价，对客流拥挤的线路提价，二等座票价涨幅最高约 20%；而对客流较弱的线路降价，二等座票价下调最高约 20%，旅客普遍可以接受高铁调价。

2.2.3 软件和硬件技术支撑

1. 客票数据和信息系统是实施收益管理的基础支撑

实施收益管理需要信息系统搜集和储存大量客票数据来准确刻画需求模型，为实施和调整实时决策提供支撑，同时需要信息系统实施收益管理策略。我国铁路客票销售已实现信息化管理，目前的 12306 客票系统经过多次的完善和升级，系统功能不断增强，已经实现票价查询、余票查询、接续换乘、车票候补等功能。随着铁路信息化的发展，目前正在由纸质客票向电子客票过渡。同时，目前的客票系统能够搜集和储存客票销售数据，并且能进行一定的统计指标分析。在此基础上进一步开发深度需求分析的功能，能够为实施收益管理策略提供技术支撑。

2. 人工智能和大数据技术的发展对收益管理技术的推动作用

近年来，人工智能和大数据技术迅速发展，带动着诸多领域的变革。在高铁客票销售过程中，利用人工智能和大数据技术，能够提升短时需求预测的精度，进行深度需求分析，提高收益管理实时决策水平，也能够为收益管理策略的迭代优化提供技术支持。

综上所述，我国高铁适合采用收益管理技术进行供需的精细匹配，进一步满足需求，提升收益。但是，我国高铁网络规模庞大，地区差异较大，客流特征各异，因此要结合具体线路的运营特征和需求特征制订收益优化策略，切不可一概而论。根据目前我国铁路的运营特征，票价的调整需要提前公布，且不适合频繁调整价格，而席位存量分配和调整更容易实施。因此，从存量控制的角度，研究收益优化策略实现供需匹配是可行的收益优化方向。目前，我国铁路客票系统虽然积累了大量客票数据，但是缺乏动态票价影响下的需求数据，需要在策略实施过程中不断积累，实现收益管理策略的动态调整。

2.3 基于多级票价体系的席位存量控制理论分析

2.3.1 问题描述

首先介绍席位存量控制涉及的基本概念。以图 2-6 为例,高铁线路包含站点 A、B、C 和 D,开行两列车 G1 和 G3。

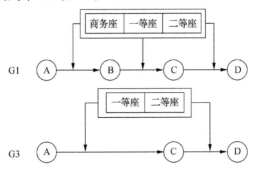

图 2-6 高铁网络资源描述示例

1. 资源

铁路客运服务是由列车完成的,资源是指特定列车上特定席别在每个运行区段上的可用座位,资源数量即为席位存量。图 2-7 中列车 G1 停靠 4 个车站,共有 AB、BC 和 CD 3 个区段,商务座、一等座和二等座 3 种席别类型,对于列车 G1 共有 9 种资源。列车 G3 停靠 3 个车站,共有 AC 和 CD 两个区段,一等座和二等座 2 种席别,那么列车 G3 共有 4 种资源。初始的资源数量为列车相应席别的额定座位数,如表 2-4 所示,用 C 表示额定座位数,$C_{商务}^{G1}$ 表示列车 G1 的商务座额定数量,其他符号含义依此类推。

表 2-4 资源数量及种类

座位等级	G1			G3	
	AB	BC	CD	AC	CD
商务座	$C_{商务}^{G1}$	$C_{商务}^{G1}$	$C_{商务}^{G1}$	—	—
一等座	$C_{一等}^{G1}$	$C_{一等}^{G1}$	$C_{一等}^{G1}$	$C_{一等}^{G3}$	$C_{一等}^{G3}$
二等座	$C_{二等}^{G1}$	$C_{二等}^{G1}$	$C_{二等}^{G1}$	$C_{二等}^{G3}$	$C_{二等}^{G3}$
资源种类	9 种			4 种	

2. 产品

面向运输生产和消费过程，高铁旅客运输的产品可以定义为为旅客提供的出行服务。而高铁客运的特殊性在于先销售，后生产和消费，销售阶段的产品实际是由客票来体现的。本书面向销售环节，将不同类型的客票定义为产品，旅客购买相应客票产品后可持客票享受出行服务。客票产品所对应的出行服务会占用相应的资源类型。不同客票产品可以用列车、座位等级、票价等级、OD 来唯一标识。为简化起见，收益管理中常常不失一般性的针对某一席别类型进行建模，那么产品就可以用列车、票价等级和 OD 来标识。当考虑多个座位等级时，其建模原理相同，可在单一席别模型的基础上增加资源种类和产品种类进行扩展。如图 2-7 所示，

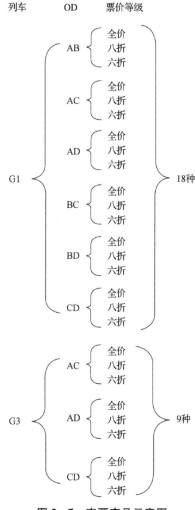

图 2-7 客票产品示意图

以图 2-7 中两列车的二等座为例,假设共有 P_1,P_2 和 P_3 三个票价等级,G1 列车能够为 6 个 OD 提供客运服务,那么共形成 18 种客票产品;G3 能够为 3 个 OD 提供客运服务,那么共形成 9 种客票产品。

产品和资源之间的关系可用多维 0—1 矩阵 $\boldsymbol{A}$ 来描述,矩阵的元素表示为 a_{ij},其中 i 代表资源,j 代表产品,a_{ij} 取值为 0 说明产品 j 不占用资源 i,a_{ij} 取值为 1 说明产品 j 占用资源 i。以图 2-7 中 G3 列车的二等座为例,设有 3 个票价等级,共有 9 种客票产品,其中每种客票产品可用"列车—OD—票价等级"三个要素唯一标识,9 种客票产品分别为 G3-AC-1、G3-AC-2、G3-AC-3、G3-AD-1、G3-AD-2、G3-AD-3、G3-CD-1、G3-CD-2 和 G3CD-3。G3 列车共涉及两种资源,每种资源可用"列车—区段"唯一标识,两种资源分别为 G3-AC 和 G3-CD。产品和资源的占用关系可以用式(2-1)中的矩阵描述,其中 2 行代表 2 种资源,9 列代表 9 种客票产品。为了清晰表述产品和资源的关系,用表 2-5 表示该例子的产品资源占用关系。

$$\boldsymbol{A}=\begin{bmatrix} 1 & 1 & 1 & 1 & 1 & 1 & 0 & 0 & 0 \\ 0 & 0 & 0 & 1 & 1 & 1 & 1 & 1 & 1 \end{bmatrix} \quad (2-1)$$

表 2-5 产品和资源的关系

产品		G3-AC-1	G3-AC-2	G3-AC-3	G3-AD-1	G3-AD-2	G3-AD-3	G3-CD-1	G3-CD-2	G3-CD-3
资源	G3-AC	1	1	1	1	1	1	0	0	0
	G3-CD	0	0	0	1	1	1	1	1	1

由公式(2-1)和表 2-5 可以看出,产品 G3-AC-1 需要占用 G3 列车在区段 AC 上的二等座座位资源;而产品 G3-AD-1 需要同时占用 G3 列车在区段 AC 和 CD 上的二等座座位资源。同时可以看出,资源 G3-AC 和 G3-CD 分别被 6 种客票产品占用。不仅相同 OD 的不同票价等级的产品会共用资源,不同 OD 之间的产品也存在资源共用的情况。

3. 容量

容量是指某列车某个席别的额定座位数。当列车类型和编组方案确定时,列车容量是固定的。当编组数量可调节时,列车容量也会相应地变化。一般情况下,列车的容量是固定的,本书基于固定容量建立一般化模型。

基于多级票价体系的席位存量控制问题,就是研究如何在预售期内将各类资源分配给各类产品、销售给合适的旅客,而旅客的购票请求到达具有随机性和不确定性,旅客具有购票选择行为。高铁运输企业需要决策如何将资源在各类产品间进行分配,以实现总体收益最大化的目标。问题的本质是在研究需求规律和旅客选择行为的基础上,通过细分和控制产品供给与客流需求实现精细匹配,追求收益最大化。

2.3.2 问题分析

1. 需求分析

高铁客流需求具有价格敏感性、随机性和波动性等特征。

首先,价格影响高铁客流需求总量。高铁客流需求具有一定的价格弹性,即票价下降时,需求会增长。本书采用 SP 调查的方式,在 2019 年 7 月 31 日至 8 月 9 日通过问卷星样本服务进行了调查,以呼和浩特至北京的高铁线路为背景,样本位置为北京、呼和浩特、包头和鄂尔多斯。问卷假设二等座全价票为 200 元,调查高铁客票打折时旅客是否愿意增加出行。问卷共设置了四种折扣方案,如表 2-6 所示。共回收 400 份有效调查问卷,调查结果如图 2-8 所示。调查结果表明在票价打折时约 90% 的旅客愿意增加高铁出行,对于不同的限制条件和方案旅客会有不同偏好。结果表明高铁客票折扣销售具有需求挖掘的潜力,能够提高客座率及闲置席位的利用率。

表 2-6 问卷调查选项设计

选项	票价	退票费	提前预订要求
1	九折	20%	至少 7 天
2	八折	30%	至少 14 天
3	七折	50%	至少 21 天
4	六折	不可退	至少 28 天
5	以上折扣都不能让我增加出行		

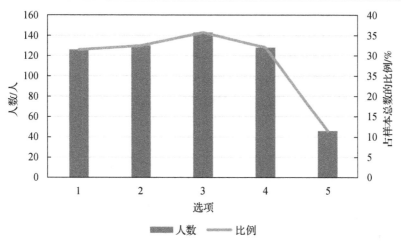

图 2-8 高铁客票折扣销售出行意愿调查

其次,价格影响需求的分布状态。根据全国铁路旅客需求调查,价格对旅客购票选择的影响主要体现在两个方面:(1) 价格影响客流需求在预售期内的分布状态。调查中,总体74%的旅客愿意提前购票享受折扣。不同收入水平的旅客群体选择略有区别。(2) 价格对旅客在选择平行列车的客运产品时产生影响。平行列车相同等级席位所提供的客运服务主要区别有出发时刻和运行时间。关于出发时刻,不同收入水平的旅客对其具有不同的敏感度,总体53%的旅客愿意改变出发时刻享受优惠。关于运行时间,不同收入水平的旅客对时间的敏感程度不同;不同出行目的的旅客对时间的敏感程度也不相同,总体60%的旅客愿意为缩短运行时间支付更多的费用。

因此,从总体和个体两个维度来分析需求,如图2-9所示,需求的总量和分布受到价格影响较明显,采取折扣销售可以促进客座率提升和收益改善。

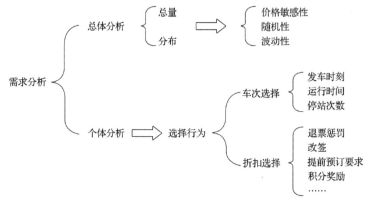

图2-9 需求分析层次及影响因素

另一方面,折扣销售条件下,旅客购票选择行为更为复杂,将个体的购票选择行为集计后形成总体需求。通常为了阻止全价需求转移购买折扣票,会针对具体的市场特征为不同价格的客票设定差异化服务。一般来讲,可为折扣票附加不同的限定条件,如退票惩罚、提前预订、常旅客积分等。因此,旅客不仅要在平行车次之间权衡票价、出行时间、发车时刻,还要在折扣与限定条件之间权衡,旅客选择行为的刻画将更加复杂。

2. 供给分析

供给是由高铁运输企业来调控的。针对某一个OD市场,用于标定供给数量水平的因素包括:开行频率、列车编组、资源分配(席位存量分配)。如图2-10所示,衡量该OD市场的高铁服务供给水平,首先要确定有几列车服务于该OD,其次要确定每列车的编组方案,再次要确定每列车能够分配给该OD的席位资源的数量。一般来说,开行频率和编组方案在开行方案和运行图编制阶段已经确定。运营中,在车票预售阶段,高铁运输企业可以通过调节席位资源分配来调节该OD市场的供给水平。根据在西安铁路局的调研,在普速铁路运输实践中,主要依据经验做法和人工调度在预售阶段根据售票情况增减列车编组。随着高铁可变编组技术的发展,高铁旅客运输企业也可以根据需求变化调节编组形式。编组方案的调整也成为高铁运输企业调节供给水平的手段。供给的属性除数量之外,还包括质的方面,如列车发车时刻、运行时间、席位等级、票价折扣及相应的约束等。

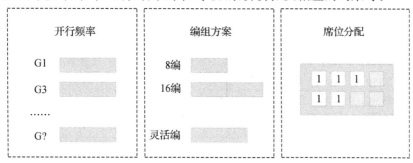

图 2-10 供给分析层次

3. 供需匹配分析

在开行方案和运行图编制阶段,高铁运输企业首先会进行客流预测,从供需匹配的角度去确定开行频率、到发时刻等要素。但是进入运营销售阶段后,对于高铁运输企业来说,实现更细致的供需匹配,将最合适的产品在最合适的时间销售给最合适的旅客,依然有较大的改善收益的空间。

从供需匹配的角度出发,如图 2-11 所示,一方面高铁运输企业要进行深度需求分析,不仅包括需求总量和分布的预测,还包括旅客购票行为的分析,将需求细化到产品层次。另一方面,高铁运输企业调节和控制供给状态,首先依据需求细分进行产品设计,其次采取控制策略将资源分配给各个产品,实现产品层面的数量和品质的供需精细匹配。

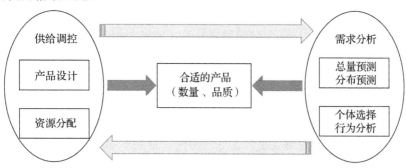

图 2-11 供需匹配示意图

2.3.3 问题建模

综合前面的分析,下面利用动态规划建立数学模型,建模用到的符号和变量如表 2-7 所示。

表 2-7 变量及符号说明

符号	说明
t	预售时段,$t=1,2,\cdots,T$,第 T 个时段结束时客票预售结束,在此将时段足够细分,使得每个时段至多只有 1 个购票请求到达
n	客票产品,由列车、OD 和票价等级唯一标识,$n \in N$,N 为全部客票产品的集合,$N=\{1,2,\cdots,N\}$
r_n	客票产品 n 的价格
m	资源,即各列车在各区段的席位资源,$m \in M$,M 为资源的集合,$M=\{1,2,\cdots,M\}$
c^t	t 时段开始时的资源的可用存量,$c^t=\{c_1^t, c_2^t, \cdots, c_M^t\}$
A	产品和资源的占用关系,其元素 $a_{mn}=1$ 表示产品 n 需要占用资源 m,反之,$a_{mn}=0$ 表示产品 n 不需要占用资源 m
x^t	t 时段的控制策略,$x^t=\{x_1^t, x_2^t, \cdots, x_N^t\}$,当 $x_n^t=1$ 时,表示产品 n 在时段 t 可以出售,当 $x_n^t=0$ 时,表示产品 n 在时段 t 不可出售
$p_n(x^t)$	当产品集合 x^t 可售时,旅客购买产品 n 的概率,$p_0(x^t)$ 为旅客不购买任何可售集合的产品的概率
λ^t	t 时段的旅客购票请求到达率
$V_t(c^t)$	表示资源剩余存量为 c^t 的状态下,自时段 t 开始到预售结束时的期望总收益

考虑一条高铁线路上开行多列多个停站的列车,座位是同质的(以二等座为例),但以不同的价格在列车开行前预售,不考虑超售、no-show 和补票。同一 OD 市场不同类型的旅客对购买不同列车不同票价的产品具有不同偏好。高铁运输企业需要对考虑旅客选择行为的需求进行分析,设计合适的产品,在整个预售过程中控制在什么时间出售什么样的产品。整个预售期划分为足够小的 T 个时段,每个时段表示为 $t=1,2,\cdots,T$,每个时段至多只有一个旅客到达且至多购买一张客票。预售过程开始于 $t=1$ 时段的初始,终止于 $t=T$ 时段的结束时刻。由列车、OD 和票价三个特征标识的客票产品集合表示为 $M=\{1,2,\cdots,M\}$,每个产品 $m \in M$ 都有事先公布的票价(全价或者折扣)r_n。由每列车在相邻车站的二等座构成的资源表示为 $M=\{1,2,\cdots,M\}$,每种资源在时段 t 开始时的可用存量表示为 $c^t=\{c_1^t, c_2^t, \cdots, c_M^t\}$,那么初始的资源存量即二等座席位数量表示为 c^1。产品和资源的占用关系用矩阵 A 表示,若产品 n 需要占用资源 m,元素 $a_{mn}=1$,反之 $a_{mn}=0$。A_n 表示矩阵 A 的第 n 列,代表产品 n 的资源占用情况。高铁运输企业在时段 t 的控制策

略表示为 $\boldsymbol{x}^t = \{x_1^t, x_2^t, \cdots, x_N^t\}$，即产品 n 在时段 t 可售时 $x_n^t = 1$，否则为 0。高铁运输企业的可售集合控制策略受到资源存量的约束，当 $\boldsymbol{A}_n \leqslant \boldsymbol{c}^t$ 时，说明剩余的资源能够满足产品 n 的需求，所以 $x_n^t = 1$。

定义集合 $\boldsymbol{\chi}(\boldsymbol{c}^t) = \{x_n^t = | \boldsymbol{A}_n \leqslant \boldsymbol{c}^t, \forall n \in N\} \bigcup \{\boldsymbol{A}_n > \boldsymbol{c}^t, \forall n \in N\}$，因此 $\boldsymbol{x}^t \leqslant \boldsymbol{\chi}(\boldsymbol{c}^t)$。任意时段 t，旅客购票请求到达率为 λ^t，当产品集合 $\boldsymbol{x}^t$ 可售时，旅客购买产品 n 的概率表示为 $p_n(\boldsymbol{x}^t)$，当 $x_n^t = 0$ 时即产品 n 不可售，$p_n(\boldsymbol{x}^t) = 0$；$p_0(\boldsymbol{x}^t)$ 为旅客不购买任何可售集合的产品的概率，且：

$$\sum_{n=1}^{N} p_n(\boldsymbol{x}^t) + p_0(\boldsymbol{x}^t) = 1 \tag{2-2}$$

价值函数 $V_t(\boldsymbol{c}^t)$ 表示资源剩余存量为 $\boldsymbol{c}^t$ 的状态下，自时段 t 开始到预售结束时的期望总收益，那么 $V_1(\boldsymbol{c}^1)$ 为期望总收益，$V_t(\boldsymbol{c}^t)$ 可利用如下动态规划进行递推：

$$V_t(\boldsymbol{c}^t) = \max_{\boldsymbol{x}^t \in \{0,1\}^N \& \boldsymbol{x}^t \leqslant \boldsymbol{\chi}(\boldsymbol{c}^t)} \left\{ \sum_{n=1}^{N} \lambda^t p_n(\boldsymbol{x}^t) [r_n + V_{t+1}(\boldsymbol{c}^t - \boldsymbol{A}_n)] + [\lambda^t p_0(\boldsymbol{x}^t) + 1 - \lambda^t] V_{t+1}(\boldsymbol{c}^t) \right\}, \quad \forall t, \forall \boldsymbol{c}^t \tag{2-3}$$

边界条件为 $V_{T+1}(\boldsymbol{c}^{T+1}) = 0, \forall \boldsymbol{c}^{T+1}$ 和 $V_t(\boldsymbol{c}^t = 0) = 0, \forall t$。前者表示预售期结束后剩余产品价值消逝；后者表示所有产品售罄时，之后的期望总收益为零。

当 $V_t(\boldsymbol{c}^t)$ 表示期望总收益最大时的决策 $\boldsymbol{x}_t^*$ 为高铁运输企业在 t 时段的最优策略，可以由公式(2-4)获得：

$$\boldsymbol{x}_t^* = \underset{\boldsymbol{x}^t \in \{0,1\}^N \& \boldsymbol{x}^t \leqslant \boldsymbol{\chi}(\boldsymbol{c}^t)}{\operatorname{argmax}} \left\{ \sum_{n=1}^{N} \lambda^t p_n(\boldsymbol{x}^t) [r_n + V_{t+1}(\boldsymbol{c}^t - \boldsymbol{A}_n)] + [\lambda^t p_0(\boldsymbol{x}^t) + 1 - \lambda^t] V_{t+1}(\boldsymbol{c}^t) \right\} \tag{2-4}$$

依次递推，每个时段高铁运输企业可根据公式(2-3)得出该时段的可售产品策略。

2.3.4 模型特点

精确求解动态规划模型(2-3)并获得公式(2-4)所示的最优策略并不现实，主要存在以下几个方面的挑战：

首先，需要预测旅客购票请求到达率为 λ^t 和刻画选择概率 $p_n(\boldsymbol{x}^t)$。利用历史销售数据建立需求模型并进行参数标定来获得 λ^t 和 $p_n(\boldsymbol{x}^t)$，需求刻画越准确，越有利于提高收益。在目前我国许多高铁线路尚未实施多级票价体系的前提下，现有历史数据可以用作需求预测，但无法用于刻画旅客的选择行为。因此，在收益管理策略实施初期，可采用 SP 调查的方式获取旅客购票选择行为参数。随着收益管理策略的实施，设计使用积累的历史数据进行参数的更新和学习的机制是非常必要的。

其次,在实际问题中,动态规划模型(2-3)状态空间庞大导致维数灾难。例如每列车开行区段为4,定员560人,10列车所形成的网络规模下,每个时段的状态可达56 040种。对于独立需求下的网络存量控制问题,尚且只有非常小规模的问题可以采用递推算法求解。对于复杂的相关性需求的问题,几乎不可能通过递推算法计算价值函数而获得控制策略。

最后,每个阶段内置的优化问题实际上是一个品类优化问题,仍然存在规模庞大的问题,例如 N 个客票产品可能形成的可售集合为 2^N 个。此外,该品类问题能否求解与选择概率 $p_n(x^t)$ 的表达形式有关。陈瑞与姜海[120]的研究证明当选择行为采用 MNL 模型描述时,可以获得最优解,而采用 MMNL 的离散选择模型时该问题为 NP-Complete 问题。

2.3.5 求解思路

由于高铁网络规模庞大,上述模型的精确求解不可能实现,因此需要寻求近似求解的方法。实际应用中,要根据问题规模和复杂性,在求解时间和精度上进行权衡。公式(2-4)给出的可售集合的控制策略(Available Control)在实际中很难直接获得。网络收益管理常采用的控制策略包括预订限制控制(Booking Limits)和投标价格控制(Bid Prices)。根据不同的控制方式,对上述模型可以采用不同的算法进行近似求解。当采用投标价格控制时,可采用基于资源的动态规划分解法;而对于预订限制控制方式,可采用静态数学规划的方法。综上,本书沿着两类近似求解思路,从以下三个方面展开研究:

(1) 将可售集合控制策略和投标价格控制策略相结合,采用动态规划分解和仿真相结合的方法,提出两阶段控制方法,对动态规划模型(2-3)进行近似求解,离线阶段获得近似投标价格策略,在线阶段实时获得可售集合控制策略。该方法还可根据历史数据的积累,设计参数学习机制,从而提高模型精度。本书第3章主要研究该部分内容。

(2) 预订限制控制与我国高铁票额预分的控制方式是类似的。将席位存量预先分配至各类客票产品,控制各类客票产品的预订上限。为此,建立静态随机规划模型并精确求解,获得预订限制控制策略。在预售期开始时,利用该模型可以得到票额预分方案,在预售期内划分时段,多次运行静态规划模型,可以动态更新预订限制控制策略。本书第4章利用静态随机规划模型展开研究。

(3) 动态规划模型(2-3)是在资源数量固定的基础上建立的,当可变编组技术应用,编组可进行调控时,资源数量在一定条件下可以调节。利用近似静态随机规划模型进行拓展,可得到基于可变编组的席位存量控制的最优策略,包括预订限制和编组决策。本书第5章着重研究这部分内容。

2.4　本章小结

本章首先分析了我国高铁运营特征,进而从政策环境、技术经济特征和软硬件技术支撑等几个角度分析了实施收益管理的可行性,指出公布实际执行票价进行席位存量控制是高铁收益管理实施的可行方向。然后,从供需平衡的理论角度,分析多级票价体系下的席位存量控制问题,指出高铁运输企业应对需求进行深度分析,合理设计产品,实施优化控制策略调整供给,实现供需精细匹配,从而改善总体收益。最后,考虑旅客选择行为,针对多列车多停站形成的服务网络,建立多级票价体系下的席位存量控制动态规划模型。由于维数灾难、规模庞大以及内置品类优化问题等困难,无法精确求解该模型,本章根据不同的控制方式提出近似求解思路。从投标价格控制的角度,将投标价格策略和可售产品控制相结合,提出基于仿真的动态规划分解的近似算法,这部分内容在第 3 章进行研究。从预定限制控制的角度,利用随机规划方法进行静态近似,然后根据静态分配结果生成控制策略,这部分内容在第 4 章进行研究。在静态控制的基础上,放松容量固定的限制,在第 5 章研究可变编组情形下的编组和席位存量控制联合决策问题。

第 3 章　基于动态规划分解的高铁席位存量动态控制优化

本章针对第 2 章中建立的基本模型提出近似求解算法，从动态控制优化的角度研究高铁席位存量控制问题，并生成控制策略。首先，利用基于资源的动态规划分解原理和仿真策略迭代算法，以投标价格的形式得到离线控制策略。然后，利用基于马尔科夫链选择模型的品类优化算法，以可售集合的形式生成在线实时席位存量控制策略。

在收益管理理论研究中，Talluri 与 Van Ryzin[10]首次建立了通用选择模型下的单资源存量控制动态规划模型，发现最优控制策略是由有序的"有效集"构成。Liu 与 Van Ryzin[13]在此基础上拓展研究了多资源情形下的控制问题。首先采用基于选择的确定性线性规划模型 CDLP 获得资源投标价格，然后利用资源分解的动态规划模型近似估计价值函数的梯度，最后实时求解内置品类优化模型获得动态控制策略。该方法仅适用于顾客选择集无交叉的情况。对于价值函数梯度的近似，除采用数学规划近似的方法外，还可采用基于仿真的近似动态规划算法[23]。Bront 等[15]在 Liu 与 Van Ryzin[13]的基础上研究顾客选择集存在交叉时的控制问题，证明列生成的子问题是一个 NP-Complete 问题，并提出贪婪启发式算法。该子问题即为品类优化问题，选择行为模型选取不当会损害上述优化策略的效果。为此，Blanchet 等[121]提出马尔科夫链选择模型，证明其对基于随机效用的选择机理具有很好的描述作用，且相应的品类优化问题可在多项式算法复杂度内求解。Feldman 和 Topaloglu[25]提出了基于马尔科夫链选择的收益管理模型，利用数学规划的方法研究网络收益管理问题，并设计降维算法提高求解速度。

高铁收益管理中考虑选择行为的网络收益管理研究成果较少。以 Liu 与 Van Ryzin[13]的研究为基础，针对高铁席位控制问题，包云[67]采用 MNL 模型刻画旅客选择行为，设计列生成算法进行近似求解，获得投标价格控制策略。钱丙益[66]则采用偏好序描述旅客选择行为，对列生成子问题设计遗传模拟退火算法。

综上，本章针对高铁席位控制问题，采用马尔科夫链选择模型描述旅客购票选择行为。将基于仿真的动态规划算法与基于马尔科夫链选择模型的品类优化算法相结合,设计高铁多列车多停站服务网络的两阶段控制机制。该机制不仅能够获得动态实时控制策略,还可以利用马尔科夫链刻画高铁旅客选择行为;该方法无须预先确定选择模型的类别,具有更好的适应性。

3.1 基于资源分解的席位存量动态控制方法

3.1.1 高铁收益管理动态规划模型

高铁运输企业在一条高铁线路上开行多列多停站的列车。针对同质的座位(如二等座)设置多个客票价格等级。客票在列车开行前预售,不考虑超售、no-show 和补票的情形。同一 OD 市场不同类型的旅客对购买不同列车不同票价的客票产品具有不同偏好。将预售期划分为足够小的时段,$t=1,2,\cdots,T$,每个时段至多只到达一个旅客预定请求,且每个旅客至多购买一张客票。本书为了方便描述,假设购票请求到达为齐次泊松过程。对于本章所提出的模型,引入产品购买概率的时变性质,采用购票请求到达为非齐次泊松过程的假设,并不影响模型的结构和性质。高铁运输企业为使收益最大化,需在每一个时段 t 决策出售何种类型的客票产品组合,该策略称为可售产品集合控制策略。本章使用的符号说明如表 3-1 所示,其中粗体表示向量或矩阵。

表 3-1 第 3 章变量和符号的说明

符号	说明
t	预售时段,$t=1,2,\cdots,T$,第 T 个时段结束时客票预售结束
n	客票产品,由列车、OD 和票价等级唯一标识,$n \in \mathbf{N}$,$\mathbf{N}$ 为全部客票产品的集合,$\mathbf{N}=\{1,2,\cdots,N\}$
r_n	客票产品 n 的价格,$\mathbf{r}=(r_1,r_2,\cdots,r_N)$
m	资源,即各列车在各开行区段所形成的席位资源种类,$m \in \mathbf{M}$,$\mathbf{M}$ 为资源的集合,$\mathbf{M}=\{1,2,\cdots,M\}$
c	资源容量,即各列车在各个开行区段上的座位数量,$\mathbf{c}=\{c_1,c_2,\cdots,c_M\}$,$\mathbf{c}^0$ 为列车定员构成的向量
A	产品和资源的占用关系,为 N 行 M 列的 0—1 矩阵,当元素 $a_{nm}=1$ 表示产品 n 需要占用资源 m,反之,$a_{nm}=0$ 表示产品 n 不占用资源 m

续表

符号	说明
x_t	t 时段的控制策略，$x_t=\{x_{t1},x_{t2},\cdots,x_{tN}\}$，当产品 n 在时段 t 可售时 $x_{tn}=1$，否则为 0
$p_n(x_t)$	当可售产品集合为 x_t 时，售出产品 n 的概率。$p_0(x_t)$ 表示没有售出产品的概率
λ_l	l 类别旅客购票请求到达率
$V_t(c)$	资源剩余存量为 c 的状态下，自时段 t 开始到预售结束时的期望总收益
$\pi_{t,m}(c_m)$	t 时段资源 m 剩余席位数为 c_m 时的一个席位的价值，即投标价格，构成的向量表示为 π
$\Delta_n V_{t+1}(c)$	价值函数梯度，表示 t 时段售出 1 个产品 n 的机会成本，$\tilde{\Delta}_n V_{t+1}(c)$ 价值函数梯度的基于资源分解的近似值
$\psi(i,S)$	表示高铁运输企业提供可售产品集合为 S 时产品 i 被售出的概率
$M(S)$	定义在集合 S 上的马尔科夫链
$\hat{\psi}(i,S)$	对于马尔科夫链 $M(S)$，吸收态 $i\in S\cup\{0\}$ 的吸收概率
γ_i	初始状态为 i 的到达概率，$i\in \mathbf{N}_+$
ρ_{ij}	由状态 i 转移至 j 的转移概率，$i\in \mathbf{N},j\in \mathbf{N}_+$
$\tilde{r}_i$	表示出售单位产品 i 的期望收益
$g_i(S)$	表示一个旅客到达的状态为 i 时，高铁运输企业可以获得的期望收益
b_m^h	对资源 m 的容量进行分段，表示第 h 段的上限
ω^y	表示第 y 个样本路径
$\tilde{v}_t(c)$	表示价值函数的线性近似
$\hat{v}_t^{k,y}$	表示第 k 次迭代时第 y 个样本路径的总收益的仿真观测值

价值函数 $V_t(c)$ 表示 t 时段列车区段座位数量为 c 的状态下，从 t 时段到 T 时段预售停止时的期望总收益。$\Delta_n V_{t+1}(c)=V_{t+1}(c)-V_{t+1}(c-A_n)$，为价值函数梯度，表示 t 时段售出 1 个产品 n 的机会成本，则第 2 章建立的动态规划模型可由如下贝尔曼方程描述：

$$V_t(c) = \max_{x_t\in\{0,1\}^N}\left\{\sum_{n=1}^N p_n(x_t)\cdot[r_n-\Delta_n V_{t+1}(c)]\right\}+V_{t+1}(c),\quad \forall t,c\geqslant 0$$

(3-1)

当座位全部消耗完时价值函数为 0，且超出预售期时价值函数为 0，得到边界条件如式(3-2)和(3-3)：

$$V_t(0)=0,\quad t=1,\cdots,T$$

(3-2)

$$V_{T+1}(\boldsymbol{c})=0, \quad \forall \boldsymbol{c} \geqslant 0 \tag{3-3}$$

高铁运输企业的最优预定控制策略即在时段 t、区段座位数量 c 的状态下提供的可售产品集合，由 $\boldsymbol{x}_t^*$ 表示，由式(3-4)所决定：

$$\boldsymbol{x}_t^* = \arg\max_{\boldsymbol{x}_t \in \{0,1\}^N} \left\{ \sum_{n=1}^N p_n(\boldsymbol{x}_t) \cdot [r_n - \Delta_n V_{t+1}(\boldsymbol{c})] \right\} \tag{3-4}$$

3.1.2 动态控制模型的求解复杂度分析

正如 2.3.4 中的分析，上述动态规划模型式(3-1)、式(3-2)和式(3-3)仍然难以通过递推算法获得最优解。

首先，实际问题中状态空间庞大导致维数灾难，网络收益管理中很难采用递推的算法来求解该动态规划模型。针对这个问题，多数的近似动态规划方法都会采用各资源投标价格加和的方式来近似表达机会成本，即将 $\Delta_n V_{t+1}(\boldsymbol{c})$ 近似表达为：

$$\widetilde{\Delta}_n V_{t+1}(\boldsymbol{c}) = \sum_{m=1}^M a_{nm} \cdot \pi_{t+1,m}(c_m) \tag{3-5}$$

将网络收益管理问题分解为多个单资源的问题。既有研究中，大多采用列生成算法获得动态投标价格控制策略。本章利用资源分解的原理，仍然采用公式(3-5)近似表达机会成本，采用了基于仿真的策略迭代算法来估计和更新投标价格 $\pi_{t,m}(c_m)$，相应的席位控制策略可表达为

$$\boldsymbol{x}_t^* = \arg\max_{\boldsymbol{x}_t \in \{0,1\}} \left\{ \sum_{n=1}^N p_n(\boldsymbol{x}_t)[r_n - \widetilde{\Delta}_n V_{t+1}(\boldsymbol{c})] \right\} \tag{3-6}$$

其次，内置的品类优化问题也存在规模太大难于求解的问题，且该问题的有效求解与选择概率 $p_n(\boldsymbol{x}_t)$ 的表达形式密切相关，即公式(3-6)中的优化问题的求解与旅客选择行为的描述密切相关。当采用 MNL 描述旅客选择行为时，该品类优化问题可获得最优解，当采用 Mixtures of Multinomial Logit(MMNL)时为 NP-Complete 问题。根据研究，马尔科夫链选择模型可以描述多种基于随机效用理论的离散旅客选择行为，如 MNL、Probit、Nested Logit 和 MMNL，相应的品类优化问题由(3-6)可快速求解[121]，因此本章采用马尔科夫链模型描述旅客的购票选择行为。

3.1.3 两阶段席位动态控制机制

根据上述分析，本章设计两阶段席位控制机制，如图 3-1 所示。

第一阶段为离线阶段，采取近似动态规划算法在预售期开始前离线获得资源的投标价格 π。本书采用基于最小二乘法的近似策略迭代算法进行投标价格的估计。该机制在收益管理应用初期缺乏历史数据的情况下可以通过仿真的方式获得投标价格的近似值，当积累收益管理数据后，可通过历史数据进行参数的学习和更新。

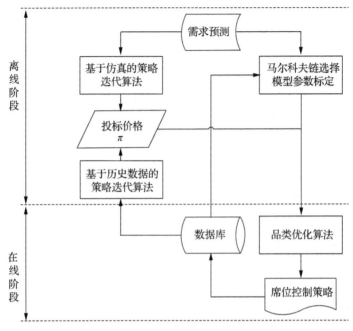

图 3-1 两阶段席位控制机制

第二阶段为在线阶段,将 π 作为输入参数,通过式(3-5)近似得到 $\Delta_n V_{t+1}(\boldsymbol{c})$,从而在预售期内实时求解模型(3-6)获得在线实时控制策略。采用基于马尔科夫链选择模型的品类优化迭代算法,可在多项式迭代次数内获得品类优化模型的最优解。

下面分别介绍基于马尔科夫链选择模型的品类优化算法和近似策略迭代算法。

3.2 基于马尔科夫链选择模型的品类优化问题

3.2.1 马尔科夫链选择模型

对于所有可提供的产品集 $\mathbf{N}=\{1,\cdots,N\}$,将不购买的选项置为 0,则 $\mathbf{N}_+ = \mathbf{N} \cup \{0\}$。任何 $\mathbf{S}=\{n \mid x_m=1, \forall n \in \mathbf{N}\}$ 且 $\mathbf{S} \subseteq \mathbf{N}$,表示高铁运输企业 t 时段提供的可售产品集合,同时 $\mathbf{S}_+ = \mathbf{S} \cup \{0\}$。对于任意 $i \in \mathbf{S}_+$,令 $\psi(i, \mathbf{S})$ 表示当高铁运输企业提供可出售产品集合为 $\mathbf{S}$ 时产品 i 被售出的概率。

利用马尔科夫链的状态转移刻画旅客的替代选择行为,马尔科夫链中每一个

状态与产品集 $\mathbf{N}_+$ 中的每个产品所对应。具有选择偏好清单的旅客到达的状态对应该旅客最偏好的产品。因此,对于任意 $i\in\mathbf{N}_+$,旅客以概率 $\gamma_i=\psi(i,\mathbf{N})$ 到达状态 i,如果 $x_{ti}=1$,产品 i 可售,旅客购买产品 i,否则旅客以概率 ρ_{ij} 转移至状态 $j(j\neq i, j\in\mathbf{N}_+)$。转移后该旅客的购买行为与第一偏好为产品 j 的旅客相同,若 $x_{ij}=1$,旅客购买产品 j,否则转移至其他状态。采用马尔科夫链转移模型刻画旅客的替代选择行为,那么每一次状态转移与之前的转移无关。因此对任意 $S\subseteq\mathbf{N}$ 定义一个马尔科夫链 $M(S)$,每一个状态 $i\in S_+$ 为一个吸收状态,$\hat{\psi}(i,S)$ 表示该状态的吸收概率,即当选择集为 S 时产品 i 被选择购买的概率。模型中主要有两个参数,初始到达概率 $\gamma_i(i\in\mathbf{N}_+)$ 和状态转移概率 $\rho_{ij}(i\in\mathbf{N},j\in\mathbf{N}_+)$。对于 $i\in\mathbf{N}$,会以概率 ρ_{i0} 转移至状态 0,状态 0 与不购买的选项相对应,意味着旅客离开系统。对于 $j\in\mathbf{N}_+$,用 j 同时表示产品 j 和马尔科夫链 $M(S)$ 中与产品 j 相对应的状态。

下面举一个简单的例子来说明马尔科夫链选择模型,如图 3-2 所示。假设高铁运输企业共有 4 种客票产品,即 $\mathbf{N}=\{1,2,3,4\}$,那么加上不购买的状态,$\mathbf{N}_+=\mathbf{N}\cup\{0\}$,因此旅客到达时共有 5 种状态,达到概率分别为 $\gamma_0,\gamma_1,\gamma_2,\gamma_3,\gamma_4$。假设该时段高铁运输企业提供的可售集合策略为 $S=\{1,2\}$,那么 $S_+=S\cup\{0\}$,吸收状态共有 3 种,0 代表旅客未购买任何产品离开系统;1 代表旅客购买产品 1;2 代表旅客购买产品 2,且各吸收态概率分别为 $\hat{\psi}(0,S)$、$\hat{\psi}(1,S)$ 和 $\hat{\psi}(2,S)$。吸收态概率可由参数 γ_i 和 ρ_{ij} 计算得到。ρ_{ij} 表示状态间的转移概率。当到达状态为 1 或者 2 时,由于产品 1 和 2 目前是可售状态,所以旅客直接购买产品 1 或者 2,无须转移。当到达状态为 3 或者 4 时,由于产品 3 或者 4 不可售,因此会分别向状态 0、1 和 2 转移。

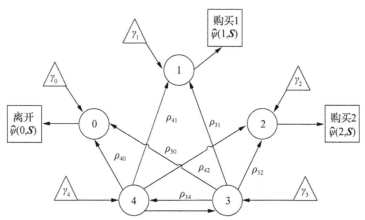

图 3-2 马尔科夫链选择模型示例

吸收态概率 $\hat{\psi}(i,S)$ 的计算方法如下。对于每个状态 $i\in S_+$ 为 $M(S)$ 的一个吸

收状态,将转移概率修正为 $\rho_{ij}(\boldsymbol{S})$,如公式(3-7)所示:

$$\rho_{ij}(\boldsymbol{S}) = \begin{cases} 0, & \text{当 } i \in \boldsymbol{S}, j \neq i \\ 1, & \text{当 } i \in \boldsymbol{S}, j = i \\ \rho_{ij}, & \text{其他} \end{cases} \quad (3-7)$$

这里不包括转移出 $\boldsymbol{S}$ 之外的状态。那么对于任意 $i \in \boldsymbol{S}_+$,$\hat{\psi}(i,\boldsymbol{S})$ 可根据定理3.1计算。

定理3.1 若已知马尔科夫链模型的参数 γ_i 和 $\rho_{ij}(i \in \boldsymbol{N}, j \in \boldsymbol{N}_+)$,对于任意 $\boldsymbol{S} \subseteq \boldsymbol{N}$,$\boldsymbol{B} = \boldsymbol{\rho}(\bar{\boldsymbol{S}}, \boldsymbol{S}_+)$ 表示从状态 $\bar{\boldsymbol{S}} = \boldsymbol{N} \setminus \boldsymbol{S}$ 向状态 $\boldsymbol{S}_+$ 转移的转移概率矩阵,$\boldsymbol{C} = \boldsymbol{\rho}(\bar{\boldsymbol{S}}, \bar{\boldsymbol{S}})$ 表示从状态 $\bar{\boldsymbol{S}}$ 转移至状态 $\bar{\boldsymbol{S}}$ 的转移概率矩阵,那么任意 $i \in \boldsymbol{S}_+$:

$$\hat{\psi}(i,\boldsymbol{S}) = \gamma_i + (\gamma(\bar{\boldsymbol{S}}))^{\mathrm{T}}(1-\boldsymbol{C})^{-1}\boldsymbol{B}e_i \quad (3-8)$$

其中,$\gamma(\bar{\boldsymbol{S}})$ 表示到达状态为 $\bar{\boldsymbol{S}}$ 的到达概率矩阵,e_i 表示第 i 个单位向量。

定理的证明过程详见 Blanchet 等[121]的研究。

若潜在的选择模型为 Mixtures of Multinomial Logit,也可采用马尔科夫链进行描述。若将旅客共分为 L 个类别,每个类别旅客的到达率为 λ_l,那么随机到达一个旅客属于类别 l 的概率为 $\alpha_l = \lambda_l / \sum_{i=1}^{L} \lambda_i$。产品 i 对于类别 l 的旅客的效用表示为 u_{li},u_{l0} 表示旅客不购买的效用,为了解释方便,不失普遍性地将效用归一化,即 $\sum_{i \in \boldsymbol{N}_+} u_{li} = 1$。对于任意给定的品类集合 $\boldsymbol{S} \subseteq \boldsymbol{N}$,任意 $i \in \boldsymbol{S}_+$,旅客选择 i 的概率可以表示为:

$$\psi(i,\boldsymbol{S}) = \sum_{l=1}^{L} \lambda_l \cdot \frac{u_{li}}{\sum_{j \in \boldsymbol{S}_+} u_{lj}} = \sum_{l=1}^{L} \lambda_l \cdot \psi_l(i,\boldsymbol{S}) \quad (3-9)$$

其中 $\psi_l(i,\boldsymbol{S})$ 表示类别 l 的旅客面临品类集合 $\boldsymbol{S}$ 时选择产品 i 的概率,且有:

$$\psi_l(i,\boldsymbol{S}) = \frac{u_{li}}{\sum_{j \in \boldsymbol{S}_+} u_{lj}} \quad (3-10)$$

马尔科夫链选择模型的参数可按照下面的公式计算:

$$\gamma_i = \sum_{l=1}^{L} \alpha_l \cdot \frac{u_{li}}{\sum_{j \in \boldsymbol{N}_+} u_{lj}} = \sum_{l=1}^{L} \lambda_l \cdot u_{li} = \psi(i,\boldsymbol{N}) \quad (3-11)$$

$$\rho_{ij} = \sum_{l=1}^{L} \alpha_l \cdot \frac{\psi_l(i, \boldsymbol{N} \setminus \{i\}) - \psi_l(i, \boldsymbol{N})}{\psi_l(j, \boldsymbol{N})} = \sum_{l=1}^{L} \frac{\lambda_l u_{li}}{\psi(i,\boldsymbol{N})} \cdot \frac{u_{lj}}{1-u_{li}} \quad (3-12)$$

为了解释上述转移概率 ρ_{ij},对于任意 $l=1,\cdots,L$,

$$P(\text{属于类别 } l \mid \text{第一选择为 } i) = \frac{\lambda_l u_{li}}{\psi(i,\boldsymbol{N})} \quad (3-13)$$

$$\psi_l(i, \boldsymbol{N} \setminus \{i\}) = \frac{u_{li}}{\sum_{j \in \boldsymbol{N}_+, j \neq i} u_{lj}} = \frac{u_{lj}}{1-u_{li}} \quad (3-14)$$

因此，对于任意 $i \in \mathbf{N}, j \in \mathbf{N}_+$，转移概率 ρ_{ij} 可以解释为第一选择为 i 的旅客在面临可售集合 $\mathbf{N} \backslash \{i\}$ 时选择 j 的概率。

3.2.2 品类优化模型

3.1.1 中建立的动态规划模型，实质上内置了一个品类优化模型。品类优化模型可用来解决销售商出售品类的问题，即销售商如何确定可出售的产品种类使得收益最大。在 3.1.1 的动态规划模型中，需要在每个状态下确定最佳品类。假设销售商共有 N 种商品可出售，向量 $\pmb{x} \in \{0,1\}^N$ 为决策变量，$x_i = 1$ 表示产品 i 可售，$x_i = 0$ 表示产品 i 不可售。$\tilde{r}_i$ 表示售出产品 i 的单位期望收益，$p_i(\pmb{x})$ 表示可售决策 $\pmb{x}$ 对应的产品可售集合中产品 i 售出的概率，品类优化问题可建立如下规划模型：

$$\max_{\pmb{x} \in \{1,0\}^N} \sum_{i=1}^{N} \tilde{r}_i p_i(\pmb{x}) \qquad (3-15)$$

公式 (3-15) 为无约束的品类优化模型，零售行业所应用的品类优化常常会涉及一些约束条件，比如产品可售集合中个数的限制 $\left(\sum_{i=1}^{N} x_i \leqslant c, c \in \mathbf{Z}^+\right)$，即可售产品不得超过一定数量，还有空间约束或者预算约束 $\left(\sum_{i=1}^{N} w_i x_i \leqslant c, c \in \mathbf{Z}^+\right)$，即可售集合中的产品所占用的总体空间或总体预算不能超过限制，w_i 代表产品 i 的体积或者预算。本书所讨论的高铁客票销售中的品类优化问题，不存在数量约束和空间约束，但是需要根据资源存量预先确定可售产品备选集，还需要在实时状态下求解，即需要在实时状态下确定哪些产品可售。因此对于品类优化模型的求解速度要求很高。该模型的求解受到概率 $p_i(\pmb{x})$ 的影响，通常选择概率可由 Logit 离散选择模型来刻画，陈瑞和姜海[120]对基于 Logit 的品类优化问题进行了研究综述，包括 Multinomial Logit、双层 Nested Logit、多层 Nested Logit、Mixtures of Multinomial Logit 等。基于 Multinomial Logit 模型的品类优化问题可得到最优解，但是对于基于 Mixtures of Multinomial Logit 模型的品类优化问题即使在无约束的情况下也是 NP-Complete 问题[120]。因此，本书引入马尔科夫链选择模型下的品类优化算法。

3.2.3 基于马尔科夫链选择模型的品类优化求解算法

根据 3.2.1 中对马尔科夫链选择模型的描述，$\hat{\varphi}(i, \pmb{S})$ 是当可售产品集合为 $\pmb{S}$ 时由马尔科夫链模型得到的产品 i 的选择概率，即可将收益管理内置的品类优化模型重新构建如下：

$$\max_{S \subseteq N} \sum_{i \in S} [r_i - \tilde{\Delta}_i V_{t+1}(\boldsymbol{c})] \hat{\psi}(i, \boldsymbol{S}) \qquad (3-16)$$

其中 $\tilde{r}_i = r_i - \tilde{\Delta}_i V_{t+1}(\boldsymbol{c})$ 表示售出产品 i 的收益。根据定理 3.1 计算 $\hat{\psi}(i, \boldsymbol{S})$ 需要首先决策 $\boldsymbol{S}$，对于任意 $\boldsymbol{S} \subseteq \boldsymbol{N}, i \in \boldsymbol{S}_+$，很难用简单的函数形式来表示 $\hat{\psi}(i, \boldsymbol{S})$。因此本书采用迭代算法在多项式迭代次数内获得模型(3-16)的最优解。

据马尔科夫链状态转移的性质，对于 $i \in \boldsymbol{N}$ 且 $\boldsymbol{S} \subseteq \boldsymbol{N}$，$g_i(\boldsymbol{S})$ 表示当一个旅客到达的状态为 i 时高铁运输企业可以获得的期望收益，若 $i \in \boldsymbol{S}$，旅客选择购买客票产品 i，且 $g_i(\boldsymbol{S}) = \tilde{r}_i$，否则，旅客将根据马尔科夫链状态转移进行替代选择，且期望收益可以表示为：

$$g_i(\boldsymbol{S}) = \sum_{j \in \boldsymbol{N}} \rho_{ij} g_j(\boldsymbol{S}) \qquad (3-17)$$

因此，给出可售产品集合 S 时的期望总收益为 $\sum_{i \in \boldsymbol{N}} \gamma_i g_i(\boldsymbol{S})$，品类优化模型(3-15)可以重新构建如下：

$$\max_{S \subseteq N} = \sum_{i \in \boldsymbol{N}} \gamma_i g_i(\boldsymbol{S}) \qquad (3-18)$$

这个优化问题等价于选择马尔科夫链中停止或吸收状态的最优集合，停止的规则为最大化期望总收益。在每一个时段 t 开始决策时，首先根据每个区段的剩余座位数筛选出可提供的产品集合 $\boldsymbol{N}$，对于所有 $i \in \boldsymbol{N}, g_i$ 表示能够从第一偏好为产品 i 的旅客获得的最大期望收益。对于 $\eta \in \boldsymbol{Z}^+, i \in \boldsymbol{N}, g_i^\eta$ 表示从初始状态 i 开始经过至多 η 次状态转移能够停止在某个状态的最大期望收益。停止在任意状态 j 意味着旅客选择购买产品 j，高铁运输企业获得相应的收益 $\tilde{r}_j$。因此，对于所有 $i \in \boldsymbol{N}$，当不发生任何转移时停止在状态 i，则有 $g_i^0 = \tilde{r}_i$。依据 3.1.3 中模型的原理，如下算法可在多项式迭代次数内获得最优品类[121]，简称 OA 算法，算法流程图如图 3-3 所示。

OA 算法：

Step 1 根据剩余资源情况，判定可提供的产品集合 $\boldsymbol{N}$。

Step 2 初始化。$g_i^0 = \tilde{r}_i, \forall i \in \boldsymbol{N}, \Delta = 1, \eta = 0$。

Step 3 判断当 $\Delta > 0$，置 $\eta = \eta + 1$，执行如下步骤，否则转至 Step 3。

　　Step 3.1 对于所有可行产品 $i \in \boldsymbol{N}$，$g_i^\eta = \max \left\{ \tilde{r}_i, \sum_{j \in \boldsymbol{N}_+, j \neq i} \rho_{ij} g_j^{\eta-1} \right\}$。

　　Step 3.2 更新 $\Delta = \| \boldsymbol{g}^\eta - \boldsymbol{g}^{\eta-1} \|$ 返回 Step 3。

Step 4 返回 $\boldsymbol{g} = \boldsymbol{g}^\eta$，最优品类集合 $\boldsymbol{S} = \{ i \in \boldsymbol{N} | g_i = \tilde{r}_i \}$。

令 $\delta = \min_i \rho_{i0} > 0, r_{\max} = \max_{i \in \boldsymbol{N}} \tilde{r}_i, r_{\min} = \min_{i \in \boldsymbol{N}} \tilde{r}_i$，该算法能够为品类优化问题(3-18)计算得到最优品类，且迭代次数为 $O[1/\delta \cdot \log(r_{\max}/r_{\min})]^{[121]}$。

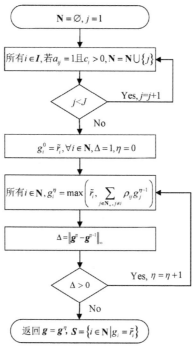

图 3-3　OA 算法流程图

3.3　基于最小二乘法的策略迭代算法

针对 3.1.3 的两阶段席位动态控制方法,本节介绍基于仿真的近似策略迭代算法,来离线估计投标价格 π。首先引入价值函数梯度的线性近似和线性分段近似方法,然后介绍近似策略迭代算法,最后介绍最小二乘法参数更新。基于仿真的近似策略迭代算法中在仿真过程中用到 3.2.3 介绍的品类优化算法。

3.3.1　价值函数的近似

为了提高近似的精确度,针对不同的时段 t,采用不同的参数对价值函数近似。首先,若不考虑投标价格随区段座位数的变化,即 $\pi_{t,m}(c_m)=\pi_{t,m}$,可得到价值函数的线性近似:

$$\tilde{v}_t(\boldsymbol{c}) = \theta_t + \sum_{m=1}^{M} \pi_{t,m} \cdot c_m, \quad \forall t, \boldsymbol{c} > 0 \quad (3-19)$$

$$\theta_t \geqslant 0 \quad (3-20)$$

$$\max_{n=1,\cdots,N} r_n \geqslant \pi_{t,m} \geqslant 0 \quad (3-21)$$

其中 θ_t 表示常数项，$\theta_{T+1}=0$ 且 $\pi_{T+1,m}=0$，$\forall m=1,2,\cdots,M$，约束条件（3-20）和（3-21）保证最优期望收益是非负的且随着剩余资源数量的增加而增加，且约束条件（3-21）保证了投标价格在合理的取值范围内。该类线性近似方法在存量控制中应用广泛，在独立需求和考虑顾客选择行为的情形下都有成功运用[23]。

线性近似中考虑了不同时段会有不同的投标价格，但是没有考虑到剩余资源数量对投标价格的影响。实际中随着区段剩余席位数量的减少，投标价格应该增加，因此采用第二种近似的方法即分段近似的方法来融入资源容量对投标价格的影响。将资源容量划分为 H 段，每一段的上下限分别为 $0=b_m^0<b_m^1<\cdots<b_m^H$，对每个开行区段 m 分段 h 定义如下函数：

$$f_m^h = \begin{cases} 0, & c_m \leqslant b_m^{h-1} \\ c_m - b_m^{h-1}, & b_m^{h-1} \leqslant c_m \leqslant b_m^h \\ b_m^h - b_m^{h-1}, & c_m > b_m^h \end{cases} \quad (3-22)$$

价值函数的分段近似如下：

$$\tilde{v}_t(\boldsymbol{c}) = \theta_t + \sum_{m=1}^M \sum_{h=1}^H \pi_{t,m}^h \cdot f_m^h(c_m), \quad \forall t, \boldsymbol{c} > 0 \quad (3-23)$$

约束条件为：

$$\theta_t \geqslant 0 \quad (3-24)$$

$$\max_{n=1,\cdots,N} r_n \geqslant \pi_{t,m}^h \geqslant 0 \quad (3-25)$$

$$\pi_{tm}^h \geqslant \pi_{tm}^{h+1} \quad (3-26)$$

同样 $\theta_{T+1}=0$ 且 $\pi_{T+1,m}^h=0$，$\forall m=1,2,\cdots,M$；$\forall h=1,2,\cdots,H$。当资源容量为 c_m 时，资源 m 最终的投标价格可表示为：

$$\pi_{t,m}(c_m) = \sum_{h=1}^H \pi_{t,m}^h \cdot 1_{(b_m^{h-1}, b_m^h]}(c_m) \quad (3-27)$$

其中当 $c_m \in (b_m^{h-1}, b_m^h]$ 时 $1_{(b_m^{h-1}, b_m^h]}(c_m)=1$，否则为 0。约束条件（3-24）和（3-25）保证最佳期望收益是非负的且随着剩余资源容量的增加而增加。约束条件（3-26）保证投标价格随着剩余资源容量的减少为非增的。

线性近似（3-19）—（3-21）可以看成是每种资源容量的分段为 1 时的分段近似（3-23）—（3-26）的特例。

3.3.2 近似策略迭代算法

基于仿真的近似动态规划算法广泛应用于存量控制。近似策略迭代算法（Approximate Policy Iteration）简称 API 算法，首先对价值函数进行线性近似，通过仿真采集样本价值函数值，再利用最小二乘法估计参数 θ 和 π，最后通过多次迭代优化估计值 π。算法流程图如图 3-4 所示，总体算法步骤如下：

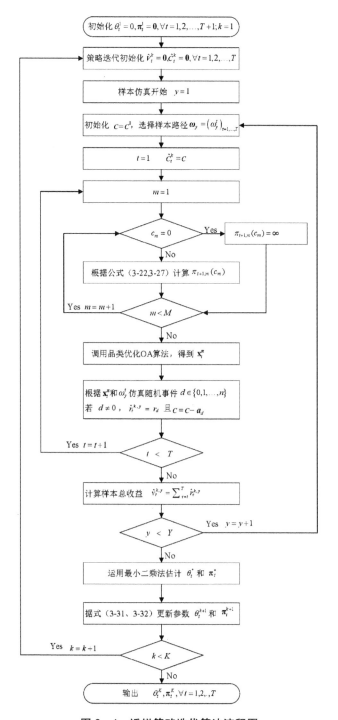

图 3-4 近似策略迭代算法流程图

API算法：

Step 0　初始化 $\theta_t^1=0, \pi_t^1=0, \forall t=1,2,\cdots,T+1; k=1$。

Step 1　策略迭代初始化，$\hat{v}_t^k=\mathbf{0}, \hat{c}_t^k=\mathbf{0}, \forall t=1,2,\cdots,T$。

Step 2　随机采样获得 Y 个样本路径，仿真得到 $\hat{v}_t^k$ 和 $\hat{c}_t^k$，运用最小二乘法估计 π_t^*。

Step 2.1　对每个样本 y 采用时段步进的方式仿真售票过程，y 从 1 迭代到 Y。

Step 2.1.1　初始化状态变量 $c=c^0$，选择样本路径 $\boldsymbol{\omega}_y=(\omega_y^t)_{t=1,2,\cdots,T}$，并采用时段步进的方式进行仿真。

Step 2.1.2　$\hat{c}_t^k=c$，若 $c_m=0, \pi_{t+1,m}(c_m)=\infty$，否则根据式(3-22)和(3-27)计算 $\pi_{t+1,m}(c_m)$。

Step 2.1.3　调用 3.2.3 的品类优化 OA 算法得到可售产品集合 $\boldsymbol{x}_t^\pi$。

Step 2.1.4　给定可售产品集合 $\boldsymbol{x}_t^\pi$ 和样本路径 $\boldsymbol{\omega}^v$，根据概率 $p_d(\boldsymbol{x}_t^\pi)$ 模拟销售事件 $d=\{0,1,\cdots,n\}$，若 $d\neq 0, \hat{r}_t^{k,y}=r_d$，且 $c=c-\boldsymbol{a}_d$。判断若 $t<T, t=t+1$，返回到 Step 2.1.2。

Step 2.1.5　计算各时段样本总收益 $\hat{v}_t^{k,y}=\sum_{t=t}^T \hat{r}_r^{k,y}$。若 $y<Y, y=y+1$，返回到 Step 2.1.1。

Step 2.2　利用样本仿真得到的 $\hat{v}_t^k$ 和 $\hat{c}_t^k$，运用最小二乘法估计参数 θ_t^* 和 π_t^*。

Step 3　利用公式(3-31)和(3-32)更新参数，若 $k=K$，输出 θ_t^{k+1} 和 π_t^{k+1}，否则 $k=k+1$，返回 Step 1 进行下一次策略迭代。

上述 API 算法共分为两个阶段，即内层策略评估阶段和外层策略改善更新阶段。Step 2 是策略评估阶段，随机产生样本路径 $\boldsymbol{\omega}_y, y=1,2,\cdots,Y$ 来评估固定的策略 π_t^k。Step 1~Step 3 为策略改善阶段，经过策略迭代 $k=1,2,\cdots,K$ 更新控制策略 π_t^{k+1}。在算法的初始 Step 0 中，所有参数置为 0，决定了最初的贪婪策略。为了评估策略迭代 k 中控制策略参数 θ_t^k 和 π_t^k，Step 2.1.1 从资源容量的最大值开始，采用时段步进的方式对样本路径 $\boldsymbol{\omega}_y$ 进行仿真，其中样本路径 $\boldsymbol{\omega}_y=(\omega_y^t)_{t=1,2,\cdots,T}$ 由与时段 t 相关的外生随机信息 ω_y^t 决定。在仿真过程中，可以观测到所有访问到的状态，向量 $\hat{c}_t^{ky}=(\hat{c}_{t1}^{ky},\cdots,\hat{c}_{tM}^{ky})^T$ 表示在第 k 次迭代中观测到在样本路径为 $\boldsymbol{\omega}_y$ 下时间段 t 时的状态。之后在 Step 2.1.2 根据现有参数计算投标价格，输入到 Step 2.1.3 中的品类优化算法得到最优可售集合 $\boldsymbol{x}_t^\pi$，然后在 Step 2.1.4 中模拟销售事件。销售事件是根据选择概率 $p_d(\boldsymbol{x}_t^\pi)$ 通过简单的旅客选择行为的蒙特卡洛模拟得到的。在此获得出售客票产品的样本收益,用 $\hat{r}_t^{ky}$ 表示。如果销售事件模拟中出售了客票产品 d,那么收益 $\hat{r}_t^{k,y}=r_d$ 并且剩余资源容量依据 $c=c-a_d$ 更新。在样本路径 ω_y 结束后,在 Step 2.1.5 中将样本收益 $\hat{r}_t^{ky}$ 求和获得样本总收益,即 $\hat{v}_t^{k,y}=\sum_{\tau=t}^{T}\hat{r}_\tau^{k,y}$ $\forall t=1,2,\cdots,T$。这些样本总收益作为价值函数近似 $\tilde{v}_t(c)$ 的样本观测值。

重复 Step 2.1 中的所有步骤,分别对 Y 个样本路径进行仿真。对于第 k 次迭代中的所有样本路径 ω_y,获得近似价值函数的样本观测值 $\hat{v}_t^{ky}$ 和状态 $\hat{c}_t^{ky}$,得到向量 $\hat{v}_t^k=(\hat{v}_t^{ky})_{y=1,2,\cdots,Y}$ 和矩阵 $\hat{c}_t^k=[(\hat{c}_t^{ky})^T]_{y=1,2,\cdots,Y}$。然后在 Step 2.2 中使用最小二乘法估计参数 θ_t^* 和 π_t^*,最后在 Step 3 中进行参数 θ_t^{k+1} 和 π_t^{k+1} 的更新,同时产生了新的控制策略,输入第 $k+1$ 次迭代中。所有策略迭代中使用的外生随机信息是相同的。

整个算法中有两个重要的环节,其一是可售集合的产生,由 3.2.3 中描述的基于马尔科夫链选择模型的品类优化算法产生;其二为参数的更新,在 3.2.3 节中将详细阐述参数的更新方法。

3.3.3 参数更新

在基于仿真的近似动态规划中学习线性价值函数近似常用到最小二乘回归的方法,特别是近似策略迭代中[23]。参数的更新分为两个阶段:

第一阶段,一方面使用第 k 次迭代中的样本总收益观测值 $\hat{v}_t^k$ 和状态观测值 $\hat{c}_t^k$,另一方面使用价值函数的近似值 $\tilde{v}_t^k(c)$,根据公式(3-19)~(3-21)或者根据公式(3-23)~(3-26)近似得到,进行最小二乘回归,得到如下凸规划问题:

$$\min \sum_{i=1}^{l}\sum_{t=1}^{T}[\hat{v}_t^{k,y}-\tilde{v}_t(c)]^2 \quad (3-28)$$

s.t. (3-14),(3-15)或(3-18),(3-19),(3-20)

$$\theta_t \geqslant \theta_{t+1} \quad (3-29)$$

$$\pi_{t,m}^h \geqslant \pi_{t+1,m}^h \quad (3-30)$$

约束条件(3-29)和(3-30)描述在存量不变的情形下越接近发车时刻投标价格越高。该模型具有大规模约束条件、变量和参数,但是较为稀疏,采取成熟的求解器(如 CPLEX)可快速求解得到 θ_t^* 和 π_t^*,同时得到各个时段的参数。

第二阶段,运用指数平滑法更新参数。如公式(3-31)和(3-32)所示,通过平滑 θ_t^* 和 π_t^* 与原有参数进行参数更新。

$$\theta_t^{k+1}=\left(1-\frac{1}{k}\right)\cdot\theta_t^k+\frac{1}{k}\cdot\theta_t^* \quad (3-31)$$

$$\pi_t^{k+1} = \left(1 - \frac{1}{k}\right) \cdot \pi_t^k + \frac{1}{k} \cdot \pi_t^* \qquad (3-32)$$

其中平滑因子 $1/k$ 在初始时为 1，随着 k 的增加而逐渐趋于 0。因此，参数更新时，各次策略迭代对最后策略的影响并不具有相同的权重，越是位于前面的迭代策略，对最后的策略影响越小。此外，使用平滑因子 $1/k$，随着迭代次数 k 的增加，θ_t^* 和 π_t^* 的权重越来越小，最终促使参数收敛。

3.4 仿真实验

3.4.1 实验数据

以四个高铁站组成的高铁线路作为实验对象，假设开行两列停站方案相同的列车，分别从车站 A 发车，停站 B 和 C，终到车站 D，共服务 6 个 OD 的旅客出行。如图 3-5 所示，两列车分别在 3 个区段各形成 6 种资源。列车间差异化定价，且每列车提供高、低两种票价，共形成 24 种客票产品，如表 3-2 所示。

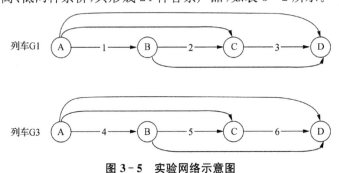

图 3-5 实验网络示意图

表 3-2 客票产品、区段占用关系和票价

n	OD	列车	a_n	r
1	A—B	G1	(1,0,0,0,0,0)	184.5
2	A—C	G1	(1,1,0,0,0,0)	443.5
3	A—D	G1	(1,1,1,0,0,0)	553
4	B—C	G1	(0,1,0,0,0,0)	279
5	B—D	G1	(0,1,1,0,0,0)	398.5
6	C—D	G1	(0,0,1,0,0,0)	229.5

续表

n	OD	列车	a_n	r
7	A—B	G1	(1,0,0,0,0,0)	276.75
8	A—C	G1	(1,1,0,0,0,0)	665.25
9	A—D	G1	(1,1,1,0,0,0)	829.5
10	B—C	G1	(0,1,0,0,0,0)	418.5
11	B—D	G1	(0,1,1,0,0,0)	597.75
12	C—D	G1	(0,0,1,0,0,0)	344.25
13	A—B	G3	(0,0,0,1,0,0)	110.7
14	A—C	G3	(0,0,0,1,1,0)	266.1
15	A—D	G3	(0,0,0,1,1,1)	331.8
16	B—C	G3	(0,0,0,0,1,0)	167.4
17	B—D	G3	(0,0,0,0,1,1)	239.1
18	C—D	G3	(0,0,0,0,0,1)	137.7
19	A—B	G3	(0,0,0,1,0,0)	221.4
20	A—C	G3	(0,0,0,1,1,0)	532.2
21	A—D	G3	(0,0,0,1,1,1)	663.6
22	B—C	G3	(0,0,0,0,1,0)	334.8
23	B—D	G3	(0,0,0,0,1,1)	478.2
24	C—D	G3	(0,0,0,0,0,1)	275.4

假设每个OD市场的旅客分为低价偏好、高价偏好和混合偏好3类,共形成18类旅客,即$l=1,2,\cdots,18$。各类旅客的选择集表示为Ω_l,采用均值为100的泊松分布随机产生各类顾客的效用值u_l,旅客不购买任何客票的效用值为u_0,各类旅客的到达率为λ_l,如表3-3所示。分段近似时,席位容量以10为单位分段。文中票价和收益的单位均为元。

表3-3 旅客分类描述

l	OD	Ω_l	u_l	u_{l0}	λ_l
1	A—B	(1,13)	(102,99)	100.5	0.03
2	A—C	(2,14)	(118,91)	104.5	0.02
3	A—D	(3,15)	(101,96)	98.5	0.08
4	B—C	(4,16)	(118,94)	106	0.04

续表

l	OD	Ω_l	u_l	u_{l0}	λ_l
5	B—D	(5,17)	(113,118)	115.5	0.05
6	C—D	(6,18)	(103,98)	100.5	0.05
7	A—B	(7,19)	(92,103)	97.5	0.03
8	A—C	(8,20)	(101,95)	98	0.03
9	A—D	(9,21)	(105,89)	97	0.09
10	B—C	(10,22)	(95,93)	94	0.04
11	B—D	(11,23)	(104,97)	100.5	0.02
12	C—D	(12,24)	(120,102)	111	0.03
13	A—B	(1,7,13,19)	(110,98,92,109)	204.5	0.1
14	A—C	(2,8,14,20)	(97,114,91,123)	212.5	0.05
15	A—D	(3,9,15,21)	(100,105,92,88)	192.5	0.1
16	B—C	(4,10,16,22)	(110,99,96,107)	206	0.08
17	B—D	(5,11,17,23)	(94,100,111,99)	202	0.1
18	C—D	(6,12,18,24)	(115,98,97,100)	205	0.06

根据公式(3-11)和(3-12)可得到马尔科夫链模型参数 γ_i 和 ρ_{ij}。仿真样本路径数 $Y=800$,策略迭代数 $K=60$。首先根据价值函数梯度的近似方法,上述机制可形成两种方案。若采用式(3-19)～式(3-21)近似价值函数,得到时间依赖的近似投标价格 π,称为线性近似方案(LA)。若 $K=1\sim40$ 用式(3-19)～式(3-21)近似价值函数,$K=41\sim60$ 用式(3-23)～式(3-26)分段近似价值函数,最终得到时间依赖、容量依赖的近似投标价格 π,称为分段近似方案(PLA)。其次将不考虑选择行为的静态控制策略(即由确定性线性规划得到的预订限制策略,称为DLP)作为对比方案。

3.4.2 结果及讨论

利用 Matlab 实现算法,并调用 CPLEX 求解最小二乘估计的二次规划模型。假设旅客以强度为 $\lambda = \sum_{l=1}^{18} \lambda_l$ 的齐次泊松过程到达,随机生成 5 000 个客流样本,在相同的需求环境下采用蒙特卡洛模拟测试各方案的收益性能,得到不同参数条件下各方案的样本收益平均值和变异系数,如表 3-4 所示。

表 3-4 收益性能仿真结果

序号	T	c_m^n	平均收益			变异系数%	
			DLP	PLA	LA	PLA	LA
1	150	80	26 941	30 850	29 592	10.9	10.8
2	300	80	45 132	51 570	50 647	7.6	7.9
3	500	80	86 488	50 397	50 354	7.3	7.5
4	800	80	104 021	64 888	64 013	6.9	7.1
5	300	40	45 066	22 439	22 438	6.1	6.2
6	300	150	56 076	66 333	63 041	7.9	6.3

平均需求表示为 $\lambda \cdot T$，各产品的平均需求表示为 $T \cdot \sum_{l=1}^{18} \lambda_l p_{nl}$，$c_m^0$ 为列车定员，通过变化 T 和 c^0 可观察不同供需水平下各策略的平均收益和变异系数。从表 3-4 可以看出，六组实验中 PLA 的平均收益高于 LA，表明价值函数分段近似的平均收益更高，且从变异系数可以看出两种方案的收益都比较稳定。

图 3-6 表明供给不变时，随着需求的增加，平均收益增加，但是当需求增加到一定程度时，PLA 和 LA 的平均收益要低于 DLP。图 3-7 表明需求不变时，随着供给的增加，PLA 和 LA 的收益要高于 DLP。说明 PLA 和 LA 在供给充足，需求水平较低时收益性能更好。

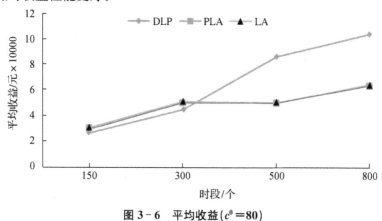

图 3-6 平均收益($c^0=80$)

当 $T=150$，$c^0=80$ 时，统计各 OD 的售票平均数，如图 3-8 所示。可以看出，PLA 平均售票数量与 DLP 相当，且优先满足 A—D 长途需求，但是此时 PLA 的平均收益比 DLP 高出 14.5%。说明需求水平较低时，采用 PLA 能够明显提高收益，且能够保护长途票额。

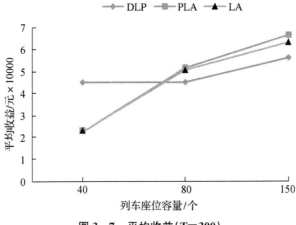

图 3-7　平均收益($T=300$)

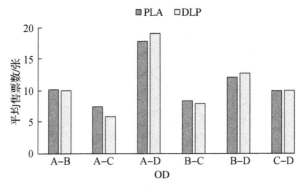

图 3-8　平均售票数($T=150, c^0=80$)

当 $T=800, c^0=80$ 时,统计各 OD 的售票平均数,如图 3-9 所示。PLA 分配给 A—D 的票额最多,但是平均收益较 DLP 低 37.6%。因此,在供给比较稀缺的情况下不适合采用 PLA。

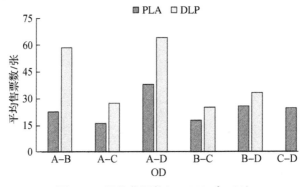

图 3-9　平均售票数($T=800, c^0=80$)

3.5 本章小结

本章采用动态规划分解和仿真相结合的方法为第2章提出的基于多级票价体系下席位存量控制模型提供近似求解方法和控制策略。本章主要从动态控制的角度,设计两阶段控制机制,将基于策略迭代的仿真算法与基于马尔科夫链选择模型的品类优化算法相结合,研究近似控制策略从而改善期望总收益。两阶段策略分别为离线阶段和在线阶段。在离线阶段,首先基于资源分解的原理进行投标价格的近似;然后通过仿真的方法随机产生样本路径,并应用最小二乘法估计投标价格;再使用策略迭代算法对投标价格进行迭代更新;最终在离线阶段得到投标价格的近似值。对于在线阶段,采用基于马尔科夫链选择模型的品类优化算法提供在线实时控制策略。本书设计了不同参数的多个仿真实验,结果表明动态控制机制可行,在不同参数下收益性能较为稳定。当采用价值函数分段近似时,仿真平均收益高于价值函数线性近似的策略。通过设计两类实验测试不同供需水平下的策略性能。一类是保持供给水平不变改变需求水平,另外一类是保持需求水平不变改变供给水平。结果表明供给充足、需求水平较低的情况下价值函数分段近似和线性近似产生的两种控制策略与确定性控制策略相比能够有效改善收益。统计不同需求水平下各OD售出的客票数量,结果表明本章所提出的两阶段控制策略能够优先满足长途出行需求。

在高铁旅客运输过程中,在短途票售罄、长途票犹存的情形下,存在"买长乘短"的现象,即购买较远的到达站的车票,而从较近的车站下车出站。当较远距离客票打折时,会出现较远距离折扣票低于较近距离全价票的情形,此时也可能出现"买长乘短"的现象。前者的情形本质上是使得短途需求转移购买长途客票,属于特殊情形,并不属于席位控制管理所要考虑的基本范畴。后者的情形本质上是全价票需求转移购买折扣票,在收益管理中,常采用为低价票增加限制、为高价票增加便利服务等手段来阻止该类转移行为。本书着重研究已知价格等级下的控制机制和模型,未对这两类转移行为的刻画和影响进行具体分析。

由于马尔科夫链选择模型能够有效描述多种选择行为机理,所以本章提出的动态控制机制适用范围很广。本章采取仿真的方式获得样本数据,适用于新开通或者尚未实行多级票价的线路。运营一段时间后,还可以采用历史样本数据进行估计,应用大数据分析和机器学习的技术定期更新选择行为参数和投标价格,实现控制策略的持续优化。

第4章 基于随机规划的高铁席位存量静态分配优化

我国许多高铁线路存在客座率低、整体收益较差的问题,为了解决这些问题,高铁运输企业曾尝试了差异化定价、折扣销售等多种手段。通过折扣销售建立多级票价体系来提升收益,需要借助收益管理技术研究多个票价等级下的席位存量控制问题。

本章基于第2章关于多级票价体系下高铁席位存量控制问题的基本模型,采用随机规划方法提出近似求解思路,采用预订限制控制方式研究多级票价体系下席位存量控制优化问题。我国现行的售票组织包括票额预分、复用、共用、限售、通售等方式。一般是在预售前进行一次票额预分,在售票过程中根据运营者的经验采取限售、通售、复用或者共用等策略进行调整,决策时往往缺乏定量依据。结合我国现行售票组织方式的特征,基于预订限制控制方式,本章采用随机非线性规划将多级票价体系下席位存量控制优化问题转化为多级票价下的席位存量分配模型,并且依据席位存量分配结果生成分段式预订限制静态控制策略和重复优化动态控制策略。最后设计数值实验和策略仿真实验,验证席位存量分配优化模型的有效性和适用性,并对比各控制策略的效果。本章使用的主要符号及其说明如表4-1所示。

表4-1 第4章的主要符号及说明

符号	含义说明
N	站点数量,相应的 $N-1$ 为区段数量
B	开行高铁列车数量,B 表示高铁列车集合
K	票价等级数量,K 表示票价等级集合
W	高铁线路服务的OD对数量,W 表示OD对数量集合
$\langle b,w,k \rangle$	客票产品,表示 b 列车服务于OD对 w 的第 k 个等级的客票
$f_{b,w,k}$	客票产品 $\langle b,w,k \rangle$ 的票价

续表

符号	含义说明
$t_{b,w}$	列车 b 在第 w 个 OD 对的运行时间
$d_{b,w}$	旅客愿意为列车 b 的出发时刻支付的费用
α	旅客时间价值
$s_{b,w,k}$	购买客票产品 $\langle b,w,k \rangle$ 可获得的常旅客积分
β	旅客选择对常旅客积分的敏感系数
$V_{b,w,k}$	客票产品 $\langle b,w,k \rangle$ 的可测效用
$p_{b,w,k}$	旅客选择客票产品 $\langle b,w,k \rangle$ 的概率
θ	表示旅客对于各客票产品的熟悉程度
l	表示旅客群体类别,L 表示旅客类别集合,$l \in L$
λ^l	旅客群体类别为 l 的到达概率
λ_w	OD 对 w 的需求分布参数
$D_{b,w,k}$	客票产品 $\langle b,w,k \rangle$ 的购票需求
$x_{b,w,k}$	表示分配给客票产品 $\langle b,w,k \rangle$ 的席位存量,x 为 $x_{b,w,k}$ 的集合,表示席位存量分配方案
R^{PNLP}	该高铁线路上所有列车的售票期望收益总和
$\delta^a_{b,w,k}$	客票产品 $\langle b,w,k \rangle$ 与区段 a 的占用关系,若 $\langle b,w,k \rangle$ 占用区段 a,$\delta^a_{b,w,k}=1$;否则 $\delta^a_{b,w,k}=0$
C^a_b	表示列车 b 在区段 a 上的席位容量,C^0_b 表示列车 b 的额定座位数
$u_{b,w,k}$	根据列车 b 的停站方案取值,当列车 b 停靠第 w 个 OD 两端的站点时,其对应的 k 等级客票可以服务于第 w 个 OD,$u_{b,w,k}=1$,否则 $u_{b,w,k}=0$
$y^h_{b,w,k}$	$y^h_{b,w,k} \in \{0,1\}$,当 $y^h_{b,w,k}=1$ 表示第 h 个资源分配给客票产品 $\langle b,w,k \rangle$,否则为 0
$M_{b,w,k}$	$M_{b,w,k}=\min\{C^a_b:\delta^a_{b,w,k}=1\}$ 是可以分配给客票产品 $\langle b,w,k \rangle$ 的席位数的上界,即产品 $\langle b,w,k \rangle$ 所占用区段上的最小席位数
R^{PLP}	等价线性规划模型的目标函数值
$\boldsymbol{D}_t$	每个时段的需求,$\boldsymbol{D}_t=\{D_{b,w,k}(t),\forall b \in \boldsymbol{B}, w \in \boldsymbol{W}, k \in \boldsymbol{K}\}$,预售期总需求 $\boldsymbol{D}=\sum_{t=1}^{T} \boldsymbol{D}_t$
$\boldsymbol{\Omega}^{SSP}_t$	每个时段 $t(t=1,2,\cdots,T)$ 的单阶段静态控制策略
$\boldsymbol{\Omega}^{MSP}_t$	每个时段 $t(t=1,2,\cdots,T)$ 的多阶段动态控制策略
$\boldsymbol{\omega}_i$	样本路径,$\boldsymbol{\omega}_i=\{\omega^t_i,t=1,2,\cdots,T\}, i=1,2,\cdots,M$
$\hat{R}$	样本仿真平均收益
$\hat{s}$	样本仿真收益标准差
$\bar{\varphi}$	样本仿真平均客座率
$length_w$	各 OD 间的运营距离,$length^{total}$ 表示该高铁线路的总运行距离

4.1 高铁席位存量分配问题描述

高铁席位存量分配问题是研究在预售期内,如何将席位存量分配给各OD和各票价等级,利用预订限制控制策略实现收益最大化。与航空相比,高速铁路具有多停站的特点,单列车的高铁席位存量分配问题已经属于收益管理中的网络存量控制问题,多列车同时考虑时问题会更加复杂。既有席位存量分配研究中,缺乏针对折扣销售形成的多级价格体系、考虑旅客选择行为的研究。引入折扣价格形成多级票价体系,在多列车、多停站的高铁网络上,研究运输企业如何在不同OD和不同票价等级之间分配有限座位资源来实现收益最大化。旅客购票需求具有一定的随机性,且由于多个列车产品间具有差异性,如运行时间、发车时段、差异化服务等,旅客对不同列车的不同价格产品具有一定的选择偏好。因此,本章以客票期望收益最大化为目标,建立了随机非线性规划模型来刻画随机需求下考虑旅客选择行为的席位存量分配机制。

假设一条高速铁路线路共有$N(N\geqslant 2)$个站点,相邻站点间形成$N-1$个区段。该条线路上在不同时刻共开行B列高铁列车,各列车的停站方案不同,共同服务于线路上各OD的旅客出行。运输企业为吸引更多客流,通过对同质座位(如二等座)采取折扣销售策略提供多种票价等级的产品供旅客选择。假设每列车有K个票价等级,那么运输企业为旅客提供的客运产品可用列车、OD和票价来唯一刻画,即$\langle b,w,k \rangle$表示列车b服务于第w个OD的票价等级为k的产品。不考虑超售、no-show、无座和退票的情况,运输企业需要决策各列车有限的席位资源如何在各产品间优化分配,从而使得线路上总体期望收益最大。客票预售过程中采用预定限制的控制策略,当产品$\langle b,w,k \rangle$的购票请求到达时,若该产品存量大于0,则接受订票请求;反之则拒绝订票请求。

4.1.1 旅客选择行为

任意OD的旅客出行可选择购买不同列车不同票价的产品。列车发车时刻、运行时间和票价对旅客在不同列车产品的选择上具有显著影响[122]。当折扣销售形成多级票价体系时,会存在全价需求购买折扣票的Buy-down行为,影响预订限制模型的收益性能。因此需要对同列车全价票和折扣票产品设置差异化服务元素,在此引入常旅客积分元素将商务旅客和普通旅客进行区分,除此以外还可考虑预定时间限制、退票限制、携带行李限制、增值服务等其他元素。用$d_{b,w}$表示旅客愿意为出发时刻支付的费用,$f_{b,w,k}$表示产品$\langle b,w,k \rangle$的票价,$t_{b,w}$表示列车b在第

w 个 OD 的运行时间，α 表示旅客时间价值，$s_{b,w,k}$ 表示购买产品 $\langle b,w,k \rangle$ 可获得的常旅客积分，β 表示旅客选择对常旅客积分的敏感系数，则产品 $\langle b,w,k \rangle$ 的可测效用表示为：

$$V_{b,w,k} = -\alpha t_{b,w} - f_{b,w,k} - d_{b,w} + \beta s_{b,w,k} \qquad (4-1)$$

$p_{b,w,k}$ 表示旅客选择产品 $\langle b,w,k \rangle$ 的概率，可通过离散选择模型获得，如 MNL、Mixtures of Multinomial Logit Models、Nested Logit、Mixed Logit 等。下面介绍案例分析中用到的 MNL 和 Mixtures of Multinomial Logit Models 两种模型。

1. MNL 模型

假设各产品的随机效用项 ε 相互独立且均符合 Gumbel 分布，则 $p_{b,w,k}$ 可利用 MNL 模型得到，如式(4-2)所示：

$$p_{b,w,k} = \frac{\exp\{\theta V_{b,w,k}\}}{\sum_{b \in B}\sum_{k \in K}\exp\{\theta V_{b,w,k}\}} \qquad (4-2)$$

其中 θ 表示旅客对于各产品的熟悉程度，参数 α、β 和 θ 可利用历史数据或者调查问卷采用极大似然法进行估计。

2. Mixtures of Multinomial Logit Models

考虑旅客的异质性，将具有相同选择偏好的乘客归为一类旅客群体，不同的旅客群体选择行为参数不同，同一类旅客群体的选择行为参数一致。用 l 表示旅客群体，$l \in L$，其到达概率为 λ^l，该类旅客群体的可测效用表示为 $V_{b,w,k}^l$，那么客票产品 $\langle b,w,k \rangle$ 被选择的概率可以表示为：

$$p_{b,w,k} = \sum_{l \in L} \lambda^l \frac{\exp\{\theta V_{b,w,k}^l\}}{\sum_{b \in B}\sum_{k \in K}\exp\{\theta V_{b,w,k}^l\}} \qquad (4-3)$$

其中参数 α、β 和 θ 需要针对不同旅客群体进行估计，仍然可利用历史售票数据或者调查问卷数据采用极大似然法进行估计。

4.1.2 随机需求

将预售期划分为 T 个连续时段，时段 $t \in \{1,2,\cdots,T\}$，$t=1$ 表示预售开始的第一个时段，$t=T$ 表示预售期结束前的最后一个时段。时段的长度可由高铁运输企业根据需要确定。每个时段内的旅客购票请求到达是一个随机过程。假设每个 OD 市场的旅客购票请求到达服从非齐次泊松过程。令 $D_w(t)$ 表示 t 时段到达的旅客购票请求数量，即需求。$D_w(t)$ 为服从参数为 $\lambda_{w,t}$ 的泊松分布的随机变量。$\lambda_{w,t} = E[D_w(t)]$，高铁运输企业可根据订票数据预测得到。假设各个 OD 的需求互相独立。

令 $D_{b,w,k}(t)$ 表示时段 t 内产品 $\langle b,w,k \rangle$ 的需求。各个 OD 的旅客根据式(4-2)在 $B \times K$ 种产品间选择，且各旅客的选择决策相互独立。根据 Resnick[123] 的研究，产品 $\langle b,w,k \rangle$ 的预定请求到达也服从非齐次泊松过程，且 $D_{b,w,k}(t)$ 为服从参数 $\lambda_{w,t} \cdot p_{b,w,k}$ 的泊松分布的随机变量。

令 $D_{b,w,k} = \sum_{t=1}^{T} D_{b,w,k}(t)$ 表示整个预售期内的随机累积预订请求数量，即整个预售期内的总需求。令 $\lambda_w = \sum_{t=1}^{T} \lambda_{w,t}$，则 $D_{b,w,k}$ 为服从参数 $\lambda_w \cdot p_{b,w,k}$ 的泊松分布的随机变量。

4.2 高铁席位存量随机分配模型

4.2.1 模型建立

假设 $x_{b,w,k}$ 表示分配给产品 $\langle b,w,k \rangle$ 的席位存量限制，$\boldsymbol{x}$ 为 $x_{b,w,k}$ 的集合，表示席位存量分配方案。$\forall a, b \in \boldsymbol{R}$，定义 $a \wedge b$ 表示 $\min\{a,b\}$，则 $E[x_{b,w,k} \wedge D_{b,w,k}]$ 表示产品 $\langle b,w,k \rangle$ 的期望销售量，因此寻求最佳的席位存量分配方案使得所有列车的期望收益总和最大，可表示为式(4-4)，其中 R^{PNLP} 表示该高铁线路上所有列车的客票期望收益总和：

$$R^{PNLP} = \max_{\boldsymbol{x}} \sum_{b \in \boldsymbol{B}} \sum_{w \in \boldsymbol{W}} \sum_{k \in \boldsymbol{K}} f_{b,w,k} E[x_{b,w,k} \wedge D_{b,w,k}] \quad (4-4)$$

$\delta_{b,w,k}^{a}$ 表示产品 $\langle b,w,k \rangle$ 与区段 a 的占用关系，若 $\langle b,w,k \rangle$ 占用区段 a，$\delta_{b,w,k}^{a} = 1$；否则 $\delta_{b,w,k}^{a} = 0$。C_b^a 表示列车 b 在区段 a 上的席位容量。因为不考虑超售和站票，所以要保证可行席位存量分配方案在各列车各区段上的席位总数不超过列车定员，如式(4-5)所示：

$$\sum_{w \in \boldsymbol{W}} \sum_{k \in \boldsymbol{K}} \delta_{b,w,k}^{a} \cdot x_{b,w,k} \leqslant C_b^a, \quad \forall b \in \boldsymbol{B}, \forall a = 1, \cdots, N-1 \quad (4-5)$$

$u_{b,w,k}$ 根据列车 b 的停站方案取值，当列车 b 停靠第 w 个 OD 两端的站点时，其对应的 k 等级客票可以服务于第 w 个 OD，$u_{b,w,k}=1$，否则 $u_{b,w,k}=0$。当 $u_{b,w,k}=1$ 时，决策变量 $x_{b,w,k} \geqslant 0$，当 $u_{b,w,k}=0$ 时，列车 b 的 k 等级客票无法为第 w 个 OD 提供服务，则决策变量 $x_{b,w,k}=0$，如式(4-6)所示：

$$(1-u_{b,w,k})x_{b,w,k}=0, \quad \forall b \in \boldsymbol{B}, w \in \boldsymbol{W}, k \in \boldsymbol{K} \quad (4-6)$$

决策变量 $x_{b,w,k}$ 的取值范围如式(4-7)所示，模型中未定义为整数变量，避免了求解 NP—hard 整数规划，相当于求解松弛后的整数席位存量分配模型，得到的解取其整数部分作为实际应用的席位存量分配策略。

$$x_{b,w,k} \in \mathbf{R}_+, \quad \forall b \in \mathbf{B}, \ w \in \mathbf{W}, \ k \in \mathbf{K} \tag{4-7}$$

综上,已知各 OD 的购票需求的随机分布,以一条高铁线路上所有列车的期望总收益最大为目标,建立高铁列车多列车多停站多票价等级的席位存量分配模型 PNLP 如式(4-4)~式(4-7)。

4.2.2 模型求解

旅客的购票请求到达是离散的,上述非线性规划可转化为等价的线性规划。虽然转化后变量数量大规模增加,但是可以利用 CPLEX 求解大规模线性规划的优势进行快速求解。定义 $y_{b,w,k}^h \in \{0,1\}$,当 $y_{b,w,k}^h = 1$ 表示第 h 个资源分配给产品 $\langle b,w,k \rangle$,否则为 0。资源集合为 H。整个预售期内产品 $\langle b,w,k \rangle$ 的需求 $D_{b,w,k}$ 服从参数 $\lambda_w \cdot p_{b,w,k}$ 的泊松分布,可以保证 $P(D_{b,w,k} \geqslant h)$ 随 h 递减,且 $\sum_{h=1}^{M_{b,w,k}} P[D_{b,w,k}(t) \geqslant h]$ 随 h 递减。$M_{b,w,k} = \min\{C_b^a : \delta_{b,w,k}^a = 1\}$ 是可以分配给产品 $\langle b,w,k \rangle$ 的席位数的上界,即产品 $\langle b,w,k \rangle$ 所占用区段上的最小席位数。

等价的混合整数线性规划如下:

$$R^{PLP} = \max_{x,y} \sum_{b \in B} \sum_{w \in W} \sum_{k \in K} \sum_{h=1}^{M_{b,w,k}} f_{b,w,k} y_{b,w,k}^h P(D_{b,w,k} \geqslant h) \tag{4-8}$$

s.t. $(4-5),(4-6),(4-7)$

$$x_{b,w,k} = \sum_{h=1}^{M_{b,w,k}} y_{b,w,k}^h, \quad \forall b \in \mathbf{B}, w \in \mathbf{W}, k \in \mathbf{K} \tag{4-9}$$

$$y_{b,w,k}^h \geqslant y_{b,w,k}^{h+1}, \quad \forall b \in \mathbf{B}, w \in \mathbf{W}, k \in \mathbf{K}, h \in \{H/M_{b,w,k}\} \tag{4-10}$$

$$y_{b,w,k}^h \in [0,1], \quad \forall b \in \mathbf{B}, w \in \mathbf{W}, k \in \mathbf{K}, h \in \mathbf{H} \tag{4-11}$$

定理 4.1 对于任意的使得 R^{PLP} 最大的最优解 (x^*, y^*),x^* 是使得 R^{PNLP} 最大的最优解。

证明过程可参考 Talluri 和 Van Ryzin[9] 和 Wang 等[70] 的研究。因此利用 ILOG CPLEX 求解该等价线性规划模型,可得到原随机非线性规划的最优解。

4.3 高铁席位存量控制策略

根据 4.2 中的随机高铁席位存量分配模型 PNLP 的求解结果,可以产生分割式预订限制控制策略。在航空收益管理应用实践中和收益管理研究中,常把静态策略经过多阶段重复优化,得到动态控制策略[9]。本节介绍由上述模型产生的两种控制策略,并给出仿真算法,为数值实验中对比两种策略提供基础。

4 3.1 单阶段静态控制策略

分割式预订限制控制策略即把各列车的席位资源分配到各客票产品$\langle b,w,k \rangle$,各客票产品按照先到先得的方式售出,当某一个客票产品的预订限制数量售完时,将拒绝该类产品的预订请求。将预售期划分为 T 个时段,时段 T 结束时客票预售结束,每个时段的需求由向量 $\boldsymbol{D}_t$ 表示,$\boldsymbol{D}_t=\{D_{b,w,k}(t), \forall b \in B, w \in W, k \in K\}$,且 $D_{b,w,k}(t) \sim F_t$,预售期总需求 $D = \sum_{t=1}^{T} \boldsymbol{D}_t$。那么每个时段 $t(t=1,2,\cdots,T)$ 的单阶段静态控制策略用 $\boldsymbol{\Omega}^{SSP}$ 表示,可由式(4-12)得到:

$$\boldsymbol{\Omega}_t^{SSP} = \begin{cases} \boldsymbol{x}^*, & t=1 \\ (\boldsymbol{\Omega}_{t-1}^{SSP} - \boldsymbol{D}_{t-1})^+, & t=2,3,\cdots,T \end{cases} \tag{4-12}$$

其中 $\boldsymbol{x}^*$ 是 4.2 中模型的最优解。$\boldsymbol{D}_{t-1}$ 表示时段 $t-1$ 时各产品的需求,$(\boldsymbol{\Omega}_{t-1}^{SSP} - \boldsymbol{D}_{t-1})^+$ 表示当 $\boldsymbol{\Omega}_{t-1}^{SSP} \geqslant \boldsymbol{D}_{t-1}$ 时,$(\boldsymbol{\Omega}_{t-1}^{SSP} - \boldsymbol{D}_{t-1})^+ = \boldsymbol{\Omega}_{t-1}^{SSP} - \boldsymbol{D}_{t-1}$,否则 $(\boldsymbol{\Omega}_{t-1}^{SSP} - \boldsymbol{D}_{t-1})^+ = 0$。

该控制策略只需要在预售开始前求解一次席位存量分配模型。为了对比单阶段静态控制策略与多阶段动态控制策略的实施效果,设计仿真实验,根据各时段的需求分布随机产生 M 个样本路径,仿真各样本的控制过程,计算样本平均收益、标准差。具体的仿真算法如下:

Step 0 输入初始席位容量 C_b^0、样本规模 M、客票产品价格 $f_{b,w,k}$,将预售期划分为 T 个时段。

Step 1 利用 CPLEX 求解模型 PLP,获得最优解 x^*。

Step 2 随机产生 M 个样本路径 $\boldsymbol{\omega}_i = \{\omega_i^t, t=1,2,\cdots,T\}, i=1,2,\cdots,M$ 且 $\omega_i^t \sim F_t$。

Step 3 对每个样本路径 $\boldsymbol{\omega}_i$ 进行仿真,并计算样本收益 R^i。置 $i=1$。

  Step 3.1 置 $R^i=0, \boldsymbol{\Omega}_1^{SSP} \leftarrow \boldsymbol{x}^*$。

  Step 3.2 置 $t=1$,计算 $R^i = \sum_{b \in B} \sum_{w \in W} \sum_{k \in K} f_{b,w,k} [\Omega_t^{SSP}(b,w,k) \wedge \omega_{b,w,k}(t)]$。

  Step 3.3 $t=t+1$,计算 $\boldsymbol{\Omega}_t^{SSP} \leftarrow (\boldsymbol{\Omega}_{t-1}^{SSP} - \boldsymbol{D}_{t-1})^+$。

  Step 3.4 计算 $R^i = R^i + \sum_{b \in B} \sum_{w \in W} \sum_{k \in K} f_{b,w,k} [\Omega_t^{SSP}(b,w,k) \wedge \omega_{b,w,k}(t)]$; $\text{passenger}^i = \text{passenger}^i + \boldsymbol{\Omega}_t^{MSP} \wedge \omega(t)$。

  Step 3.5 若 $t<T$,转到 Step 3.3;否则转入下一步。

  Step 3.6 若 $i<M, i=i+1$,转到 Step 3.1;否则转入下一步。

Step 4 计算 $\hat{R}^{SSP} = \sum_{i=1}^{M} R^i / M$,标准差 $\hat{s}^{SSP} = \sqrt{\sum_{i=1}^{M} (R^i - \hat{R}^{SSP})^2 / (M-1)}$ 平均客座率 $\bar{\varphi} = \sum_{i=1}^{M} \left[\sum_{b \in B} \sum_{k \in K} \text{passenger}^i(b,w,k) \text{length}_w \right] \Big/ \text{length}^{total} \sum_{b \in B} C_b^0 \Big/ M$。

4.3.2 多阶段动态控制策略

多阶段动态控制策略,是指在各预售时段开始前运用模型 PNLP 根据剩余席位容量和剩余需求进行席位存量分配的优化,并且在该时段采用新的预定限制策略进行客票销售。对于预售时段 t,用 $\boldsymbol{x}_t^* = \{x_{b,w,k}^*(t), \forall b \in B, w \in W, k \in K\}$ 表示该时段开始时根据剩余席位容量和剩余需求求解 PNLP 模型得到的最优解,那么多阶段动态预定控制策略 $\boldsymbol{\Omega}^{\text{MSP}}$ 由式(4-13)获得:

$$\Omega_t^{\text{MSP}} = \boldsymbol{x}_t^*, \quad t = 1, 2, \cdots, T \tag{4-13}$$

当预售期内需求发生变化时,重复优化得到的多阶段动态控制策略能够更好地适应需求的变化,表现出动态更新的优势。为了测试多阶段动态控制策略,设计仿真实验,同样根据各时段的需求分布随机产生 M 个样本路径,仿真各样本的控制过程,计算样本平均收益。具体的仿真算法如下:

Step 0 输入初始席位容量 C_b^0、样本规模 M、客票产品价格 $f_{b,w,k}$,产品与列车区段资源的占用关系 $\delta_{b,w,k}^a$,将预售期划分为 T 个时段。

Step 1 随机产生 M 个样本路径 $\boldsymbol{\omega}_i = \{\boldsymbol{\omega}_i^t, t=1,2,\cdots,T\}, i=1,2,\cdots,M$ 且 $\omega_i^t \sim F_t$。

Step 2 对每个样本路径 $\boldsymbol{\omega}_i$ 进行仿真,并计算样本收益 R^i。置 $i=1$。

Step 2.1 置 $R^i = 0$,利用 CPLEX 求解模型 PLP,获得最优解 $\boldsymbol{x}_1^*$。

Step 2.2 $\boldsymbol{\Omega}_1^{\text{MSP}} \leftarrow \boldsymbol{x}_1^*$。

Step 2.3 置 $t=1$,计算 $R^i = \sum_{b \in B} \sum_{w \in W} \sum_{k \in K} f_{b,w,k} [\Omega_t^{\text{MSP}}(b,w,k) \wedge \omega_{b,w,k}(t)]$。

Step 2.4 $t = t+1$,计算 $C_b^a = C_b^a - \sum_{w \in W} \sum_{k \in K} \delta_{b,w,k}^a [\Omega_t^{\text{MSP}}(b,w,k) \wedge \omega_{b,w,k}(t)]$。

Step 2.5 依据更新的席位容量 C_b^a 和剩余的需求 $\boldsymbol{D} = \boldsymbol{D} - \boldsymbol{D}(t-1)$,重新利用 CPLEX 求解模型 PLP,获得最优解 $\boldsymbol{x}_t^*$,$\boldsymbol{\Omega}_t^{\text{MSP}} \leftarrow \boldsymbol{x}_t^*$。

Step 2.6 计算 $R^i = R^i + \sum_{b \in B} \sum_{w \in W} \sum_{k \in K} f_{b,w,k} [\Omega_t^{\text{MSP}}(b,w,k) \wedge \omega_{b,w,k}(t)]$;$passenger^i = passenger^i + \boldsymbol{\Omega}_t^{\text{MSP}} \wedge \boldsymbol{\omega}(t)$。

Step 2.7 若 $t < T$,转到 Step 2.4;否则转入下一步。

Step 2.8 若 $i < M, i = i+1$,转到 Step 2.1;否则转入下一步。

Step 3 计算 $\hat{R}^{\text{MSP}} = \sum_{i=1}^{M} R^i / M$,标准差 $\hat{s}^{\text{MSP}} = \sqrt{\sum_{i=1}^{M} (R^i - \hat{R}^{\text{MSP}})^2 / (M-1)}$,平均客座率 $\bar{\varphi} = \sum_{i=1}^{M} \left[\sum_{b \in B} \sum_{k \in K} passenger^i(b,w,k) length_w \right] / length^{\text{total}} \sum_{b \in B} C_b^0 / M$。

4.4 数值实验

本节分别针对 MMNL 模型和 MNL 模型进行数值实验,验证模型的有效性和求解效率,其中 MMNL 模型的算例数据和背景来自第 3 章中的实验数据,在设计 MNL 模型实验背景时扩大问题规模,并以 MNL 模型实验为基础,对多级票价下影响收益增加的因素进行分析,并对静态控制策略以及动态多次优化策略的控制效果进行对比分析。

4.4.1 小规模实验

以第 3 章中的算例为背景,线路网络如图 3-5 所示,票价和旅客选择数据如表 3-2 和表 3-3 所示,取每列车的额定二等座座位数量为 560 个/列,时段 T 取 1 000 时,根据表 3-3 数据和公式(4-3),可以得到各 OD 的平均需求即泊松分布参数,如表 4-2 所示。

表 4-2 各 OD 平均需求

列车/票价等级	λ_1	λ_2	λ_3	λ_4	λ_5	λ_6
G1/k=1	31.67	16.66	48.12	31.93	34.92	30.54
G1/k=2	28.60	21.04	54.29	28.85	26.70	22.28
G3/k=1	27.85	14.37	45.11	26.74	39.01	27.61
G3/k=2	31.88	21.27	45.81	29.81	26.04	20.90

在处理器为 Intel(R) Core(TM)i5-6500 3.20 GHz,内存为 4GB 的台式计算机上使用 ILOG CPLEX 求解器计算得到席位存量分配方案,期望总收益为 288 772.68 元,席位存量分配方案如表 4-3 所示,求解时间为 0.26 s,表明模型有效且求解高效。

表 4-3 席位存量分配方案

列车/票价等级	w=1	w=2	w=3	w=4	w=5	w=6
G1/k=1	81	35	79	56	61	54
G1/k=2	75	42	87	53	50	43
G3/k=1	74	34	77	51	69	52
G3/k=2	80	45	80	57	52	43

4.4.2 扩大规模实验

将上述实验的规模翻倍,并考虑不同停站方案的情形设计实验,采用 MNL 模型刻画旅客选择行为。假设一条高铁线路有 8 个停靠站,共开行 4 列车服务于 28 个 OD,各列车停站方案如图 4-1 所示。以二等座为例进行分析,设 4 列车的二等座车厢定员均为 560。各列车的全价票价相同,全价票价对应的需求分布参数 λ_w 和全价票价 $f_{1,w}$ 如表 4-4 所示。

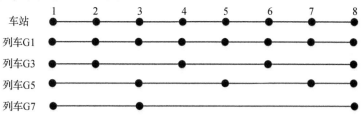

图 4-1 停站方案图

表 4-4 购票需求泊松分布参数和全价票价取值

w	λ_w	$f_{1,w}$	w	λ_w	$f_{1,w}$
1	455	144.5	15	208.4	124.5
2	249.7	184.5	16	159.7	259
3	241.9	284	17	202.6	339
4	387.2	309	18	172.2	368.5
5	175.5	443.5	19	254	25
6	368	523.5	20	181.6	159.5
7	411.5	553	21	299.5	239.5
8	168.6	40	22	406.3	269
9	282	139.5	23	232.5	134.5
10	162.7	164.5	24	187.8	214.5
11	199.8	299	25	415.9	244
12	144	379	26	147.4	80
13	297.5	408.5	27	239.3	109.5
14	181.4	99.5	28	475.9	29.5

各列车的运行时间如表 4-5 所示。旅客对出发时段的支付意愿取值如表 4-6 所示[122]。根据铁路总公司的常旅客计划,购买全价票的旅客可获得票面价格 5 倍

的积分,在此设定三级票价产品的积分分别为 5 倍票价、单倍票价和无积分。参数 α、β 和 θ 取值分别为 36、0.05 和 0.012。

表 4-5 列车运行时间(单位:min)

站点	1	2	2	3	4	6	7	8
G1	—	75	101	153	173	250	312	342
G3	—	73	—	159	—	256	—	342
G5	—	—	106	—	171	—	312	346
G7	—	—	82	—	—	—	—	268

表 4-6 旅客对出发时段偏好的支付意愿(单位:元)

w	G1	G3	G5	G7	w	G1	G3	G5	G7
1	32.0	31.6	—	—	15	27.6	—	27.3	—
2	40.9	—	40.4	37.0	16	57.4	—	—	—
3	62.9	62.9	—	—	17	75.1	—	74.3	—
4	68.5	—	67.7	—	18	81.6	—	80.8	73.7
5	98.3	98.3	—	—	19	5.5	—	—	—
6	116.0	—	114.7	—	20	35.0	35.3	—	—
7	122.5	122.5	121.2	110.6	21	52.5	—	—	—
8	8.9	—	—	—	22	59.6	59.6	—	—
9	30.9	30.9	—	—	23	29.5	—	—	—
10	36.4	—	—	—	24	47.0	—	42.9	—
11	66.2	66.2	—	—	25	53.5	—	48.8	—
12	84.0	—	—	—	26	17.5	—	—	—
13	90.5	90.5	—	—	27	24.0	24.0	—	—
14	22.0	—	—	—	28	6.5	—	5.9	—

我国高铁旅客市场需求具有一定的价格弹性,通过打折可以刺激客流需求的增加,从而增加收益[95]。当已知全价票价对应的平均需求时,可采用价格需求函数对不同折扣下的平均需求进行预测。本书参考郑金子[95]的研究中关于价格和需求函数关系的描述方法,采用 Log-Linear 需求函数预测折扣价格对应的平均需求,如式(4-13)所示:

$$\lambda'_w = \lambda_w \exp\left[-E_f\left(\frac{f_{k,w}}{f_{1,w}} - 1\right)\right] \quad (4-13)$$

式中,λ'_w 为降价后的平均需求,$f_{k,w}$ 为折扣等级 k 的价格,E_f 为需求的价格弹性的绝对值,E_f 的取值决定着降价刺激的需求量。假设 $E_f = 2$ 时,由全价票、八折票和五折票构成三级票价体系,在处理器为 Intel(R) Core(TM)i5-6500 3.20 GHz,内存为 4 GB 的台式计算机上使用 ILOG CPLEX 求解器计算得到席位存量分配方案如表 4-7 所示,期望总收益为 1 013 907.04 元,求解时间为 5.42 s,算例的计算规模与实际接近,表明计算复杂度可满足应用要求。

表 4-7 三个票价等级下的席位存量分配方案

w	G1			G3			G5			G7		
	$k=1$	$k=2$	$k=3$	$k=1$	$k=2$	$k=3$	$k=1$	$k=2$	$k=3$	$k=1$	$k=2$	$k=3$
1	146	145	0	160	166	34	0	0	0	0	0	0
2	44	31	0	0	0	0	53	55	107	60	62	57
3	52	0	0	56	60	0	0	0	0	0	0	0
4	77	0	0	90	98	33	0	0	0	0	0	0
5	20	0	0	24	26	0	0	0	0	0	0	0
6	33	0	0	0	0	0	41	48	0	0	0	0
7	12	0	0	16	18	0	16	19	0	34	40	307
8	96	0	0	0	0	0	0	0	0	0	0	0
9	58	0	0	91	90	0	0	0	0	0	0	0
10	63	0	0	0	0	0	0	0	0	0	0	0
11	19	0	0	41	41	0	0	0	0	0	0	0
12	22	0	0	0	0	0	0	0	0	0	0	0
13	33	0	0	46	51	0	0	0	0	0	0	0
14	82	0	0	0	0	0	0	0	0	0	0	0
15	30	0	0	0	0	0	70	37	0	0	0	0
16	146	145	0	160	166	34	0	0	0	0	0	0
17	44	31	0	0	0	0	38	39	0	0	0	0
18	52	0	0	56	60	0	16	15	0	30	33	116
19	77	0	0	0	0	0	0	0	0	0	0	0

续表

w	G1			G3			G5			G7		
	$k=1$	$k=2$	$k=3$	$k=1$	$k=2$	$k=3$	$k=1$	$k=2$	$k=3$	$k=1$	$k=2$	$k=3$
20	20	0	0	24	26	0	0	0	0	0	0	0
21	33	0	0	0	0	0	0	0	0	0	0	0
22	12	0	0	16	18	0	0	0	0	0	0	0
23	96	0	0	0	0	0	0	0	0	0	0	0
24	58	0	0	91	90	0	52	53	0	0	0	0
25	63	0	0	0	0	0	110	113	0	0	0	0
26	19	0	0	41	41	0	0	0	0	0	0	0
27	22	0	0	0	0	0	0	0	0	0	0	0
28	33	0	0	46	51	0	198	73	0	0	0	0

首先,截取列车 G7 的席位存量分配结果进行分析。如表 4-8 所示,可以看出该席位存量分配模型能够优先满足长途需求;折扣销售使总体需求增加,但是原有的全价需求会向低价转移。各列车在 OD(1,8)的席位存量分配如表 4-9 所示,可以看出长途 OD(1,8)的需求主要由停站少的列车 G7 来承担,而对于停站最多的列车 G1 并未分配席位给 OD(1,8)的折扣票,列车 G3 和 G5 随着折扣增加分配到 OD(1,8)的席位也变少,这是由于模型优先满足其他 OD 的全价需求。因此,在该运输市场上,席位分配模型优先满足收益性能最高的需求,最先满足的是全价长途需求,其次是全价短途需求,再次为折扣长途需求,最后为折扣短途需求,且停站少的列车主要满足长途需求。这与席位存量分配的基本思想相符。

表 4-8 列车 G7 的席位存量分配方案

	$K=1$			$K=2$			$K=3$		
	1,3	1,8	3,8	1,3	1,8	3,8	1,3	1,8	3,8
$k=1$	176	280	151	98	121	89	60	34	30
$k=2$	—	—	—	119	222	128	62	40	33
$k=3$	—	—	—	—	—	—	57	307	116
合计	176	280	151	217	343	217	179	381	179

表 4-9 OD(1,8)的席位存量分配结果

	$K=1$				$K=2$				$K=3$			
	G7	G1	G3	G5	G7	G1	G3	G5	G7	G1	G3	G5
$k=1$	37	82	79	280	30	35	34	121	12	16	16	34
$k=2$	—	—	—	—	0	61	34	222	0	18	19	40
$k=3$	—	—	—	—	—	—	—	—	0	0	0	307
合计	37	82	79	280	30	96	68	343	12	34	35	381

其次,为分析客票折扣销售改善收益的效果,假设 $E_f=2$,计算不同需求强度下三种票价体系的期望总收益,如表 4-10 所示,$K=1$ 即只有全价票,$K=2$ 包括全价票和八折票,$K=3$ 包括全价票、八折票和五折票。

表 4-10 不同需求强度下的期望收益(单位:元)

K	$0.2\lambda_w$	$0.4\lambda_w$	$0.6\lambda_w$	λ_w	$2\lambda_w$
1	351 542.85	608 688.71	808 042.50	1 040 673.34	1 201 189.21
2	430 610.28	708 900.61	891 890.78	1 043 937.61	1 198 750.85
3	487 991.90	733 125.59	850 824.92	1 013 907.04	1 125 638.36

从表 4-10 可以看出,在一定需求价格弹性下,当平均客流需求在 λ_w 及以下的时候,出售八折票可刺激客流需求从而使期望总收益增加。需求强度越低,总收益增加越明显。当需求在 $0.6\lambda_w$ 及以下时,出售八折票和五折票增加期望总收益超过 5.29%。值得注意的是并不是票价等级越多、折扣力度越大,收益增加比例就越高。如图 4-2 所示,当价格弹性 $E_f=2$ 时,且平均客流需求超过 $0.6\lambda_w$ 时,$K=2$

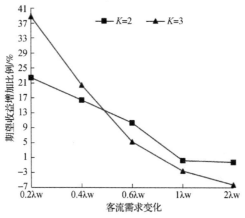

图 4-2 客流需求变化时期望收益增加比例

时的期望收益增加比例要高于 $K=3$ 的情形。当平均客流需求超过 $2\lambda_w$ 时,折扣销售会带来期望收益的下降。这是由于当设置折扣票价时,原有的全价票需求会转移购买折扣票。因此,对客流需求强度较低的路线,采取折扣销售并设置合理的折扣等级可增加期望收益。

再次,需求价格弹性也是影响折扣销售收益的重要因素。当平均客流需求为 $0.2\lambda_w$ 时,变化 E_f 计算折扣销售的期望收益变化,如图 4-3 所示,可见 E_f 足够大时折扣销售才会增加期望收益,且 E_f 越大,收益增加比例越大。$E_f \geqslant 1.5$ 时,三级票价体系的收益增加才会超过二级票价体系。因此,运营中应充分考查具体市场的需求价格弹性。

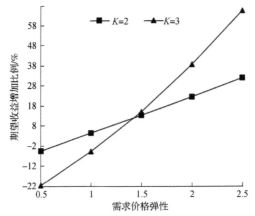

图 4-3　需求价格弹性变化时期望收益增加比例

最后,选取 $E_f=2$,平均客流需求为 λ_w 时,计算差异化服务元素敏感系数 β 取不同值时的折扣销售的期望收益增加比例,如图 4-4 所示。可以看出,旅客对差异化服务元素敏感程度越高,采取折扣销售策略获得的期望收益增加比例越高。说明对全价产品和折扣产品设置旅客敏感程度较高的差异化服务,能够有效阻止全价需求转移购买折扣票。

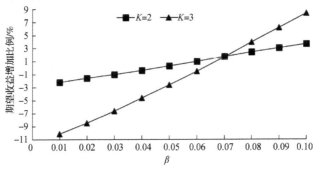

图 4-4　β 变化时的期望收益

综上,该模型可获得多级票价体系下最优席位存量分配方案。运营中若通过折扣销售来增加收益,需要考查相应运输市场的客流需求强度和需求价格弹性,设置合理票价等级。此外,折扣销售会导致原有的全价需求向低价产品转移,这也是影响收益增加的重要原因。因此,应调查研究具体市场的旅客选择行为,对全价票和折扣票设置差异化服务或对折扣票设置限制条件,阻止全价需求转移至低价产品,有效保障折扣销售的收益性能。

4.4.3 控制策略仿真实验

在4.4.2数值实验的基础上,进行控制策略仿真实验。各OD间的运行距离如表4-11所示。

表4-11 各OD的运行距离(单位:km)

w	$length_w$	w	$length_w$	w	$length_w$	w	$length_w$
1	314	8	92	15	286	22	691
2	406	9	313	16	617	23	331
3	627	10	378	17	831	24	545
4	692	11	709	18	912	25	626
5	1 023	12	923	19	65	26	214
6	1 237	13	1 004	20	396	27	295
7	1 318	14	221	21	610	28	81

根据4.3中单阶段静态控制策略和多阶段动态控制策略的定义及相应的仿真算法,对两种策略进行仿真。将预售期划分为$T=10$个时段,OD对w在时段t的需求$D_w(t)$服从泊松分布:

$$P[D_w(t)=j]=\frac{(\lambda_{w,t})^j e^{-\lambda_{w,t}}}{j!}, \quad \forall j \in \mathbf{Z}_+, w \in \mathbf{W}, t \in \mathbf{T} \quad (4-14)$$

其中$\lambda_{w,t}$取值如表4-12所示。

表4-12 各OD在各时段的需求分布参数

w	$\lambda_{w,1}$	$\lambda_{w,2}$	$\lambda_{w,3}$	$\lambda_{w,4}$	$\lambda_{w,5}$	$\lambda_{w,6}$	$\lambda_{w,7}$	$\lambda_{w,8}$	$\lambda_{w,9}$	$\lambda_{w,10}$
1	21.18	20.53	25.54	30.55	24.18	66.82	60.45	65.46	70.47	69.82
2	15.44	9.69	13.25	10.98	16.43	33.51	38.96	36.69	40.25	34.50
3	9.58	13.65	10.06	7.79	15.29	33.09	40.59	38.32	34.73	38.80
7	20.52	20.77	18.23	20.48	30.22	47.22	56.96	59.21	56.67	56.92

续表

w	$\lambda_{w,1}$	$\lambda_{w,2}$	$\lambda_{w,3}$	$\lambda_{w,4}$	$\lambda_{w,5}$	$\lambda_{w,6}$	$\lambda_{w,7}$	$\lambda_{w,8}$	$\lambda_{w,9}$	$\lambda_{w,10}$
5	11.53	7.92	7.29	5.35	7.91	27.19	29.75	27.81	27.18	23.57
6	16.70	23.76	20.08	13.12	15.53	58.07	60.48	53.52	49.84	56.90
7	15.06	25.60	23.98	16.55	13.68	68.62	65.75	58.32	56.70	67.24
8	6.79	10.66	10.97	5.62	4.98	28.74	28.10	22.75	23.06	26.93
9	24.83	20.10	16.17	12.10	15.33	41.07	44.30	40.23	36.30	31.57
10	0.73	12.06	6.75	6.33	6.46	26.08	26.21	25.79	20.48	31.81
11	8.33	11.78	10.73	6.44	9.97	29.99	33.52	29.23	28.18	31.63
12	8.89	6.36	5.34	9.87	9.06	19.74	18.93	23.46	22.44	19.91
13	14.91	14.91	11.88	22.52	18.99	40.51	36.98	47.62	44.59	44.59
14	13.95	14.19	13.49	6.41	5.37	30.91	29.87	22.79	22.09	22.33
15	6.32	8.34	9.18	8.18	13.07	28.61	33.50	32.50	33.34	35.36
16	5.26	1.86	9.38	11.47	7.13	24.81	20.47	22.56	30.08	26.68
17	7.54	11.37	12.71	9.77	9.42	31.10	30.75	27.81	29.15	32.98
18	9.66	8.40	4.37	9.48	5.71	28.73	24.96	30.07	26.04	24.78
19	22.85	21.71	18.11	17.90	16.47	34.33	32.90	32.69	29.09	27.95
20	3.16	11.28	7.55	3.54	13.77	22.55	32.78	28.77	25.04	33.16
21	15.93	23.04	26.94	12.77	13.23	46.67	47.13	32.96	36.86	43.97
22	17.35	12.58	9.43	12.10	33.98	47.28	69.16	71.83	68.68	63.91
23	7.75	8.64	9.37	3.10	13.38	33.12	43.40	37.13	37.86	38.75
24	13.48	12.32	10.19	7.94	9.96	27.60	29.62	27.37	25.24	24.08
25	27.31	25.50	17.81	10.65	25.89	57.29	72.53	65.37	57.68	55.87
26	8.59	12.81	8.12	4.89	7.79	21.69	24.59	21.36	16.67	20.89
27	9.89	17.30	12.25	9.51	11.09	36.77	38.35	35.61	30.56	37.97
28	21.14	19.86	17.38	16.41	30.16	65.02	78.77	77.80	75.32	74.04

随机产生 2 000 个样本路径，即 $M=2\,000$，在三个票价等级 $K=3$ 的情形下得到控制策略 Ω_{SSP} 和 Ω_{MSP} 下的仿真平均收益 $\bar{R}$、标准差 s 和平均客座率 $\bar{\varphi}$ 如表 4-13 所示，相应的在两个票价等级 $K=2$ 和一个票价等级 $K=1$ 的情形下分别进行仿真，得到的结果如表 4-14 和表 4-15 所示。

表 4-13 控制策略仿真结果($K=3$)

需求参数	R^{PNLP}	Ω_{SSP}			Ω_{MSP}		
		$\hat{R}^{SSP}$	$\hat{s}^{SSP}$	$\bar{\varphi}^{SSP}$	$\hat{R}^{MSP}$	$\hat{s}^{MSP}$	$\bar{\varphi}^{MSP}$
$0.2\lambda_w$	487 991.90	487 321.53	8 763.94	0.594 2	497 226.00	9 263.38	0.603 8
$0.4\lambda_w$	733 125.59	733 119.00	7 224.90	0.837 2	749 256.22	6 263.33	0.846 3
$0.6\lambda_w$	850 824.92	850 785.41	8 066.78	0.904 7	866 526.37	7 206.49	0.917 6
λ_w	1 013 907.04	1 013 858.45	4 822.63	0.983 7	1 029 781.52	3 389.27	0.996 6
$2\lambda_w$	1 125 638.36	1 125 339.57	5 535.38	0.990 3	1 134 170.94	2 982.20	0.998 7

表 4-14 控制策略仿真结果($K=2$)

需求参数	R^{PNLP}	Ω_{SSP}			Ω_{MSP}		
		$\hat{R}^{SSP}$	$\hat{s}^{SSP}$	$\bar{\varphi}^{SSP}$	$\hat{R}^{MSP}$	$\hat{s}^{MSP}$	$\bar{\varphi}^{MSP}$
$0.2\lambda_w$	430 610.28	430 420.82	9 708.24	0.397 6	440 564.54	9 410.95	0.407 1
$0.4\lambda_w$	708 900.61	708 879.12	12 059.11	0.643 7	714 868.19	11 745.15	0.648 7
$0.6\lambda_w$	891 890.78	891 766.37	9 300.03	0.798 5	905 941.65	8 296.2	0.810 4
λ_w	1 043 937.61	1 043 661.17	9 092.64	0.907 5	1 050 528.28	9 007.07	0.911 4
$2\lambda_w$	1 198 750.85	1 198 788.27	2 981.96	0.997 9	1 201 659.79	1 845.23	0.999 7

表 4-15 控制策略仿真结果($K=1$)

需求参数	R^{PNLP}	Ω_{SSP}			Ω_{MSP}		
		$\hat{R}^{SSP}$	$\hat{s}^{SSP}$	$\bar{\varphi}^{SSP}$	$\hat{R}^{MSP}$	$\hat{s}^{MSP}$	$\bar{\varphi}^{MSP}$
$0.2\lambda_w$	351 542.85	351 410.29	10 583.57	0.285 6	351 743.89	9 638.31	0.285 8
$0.4\lambda_w$	608 688.71	608 449.03	11 400.11	0.493 4	613 242.02	9 683.67	0.497 2
$0.6\lambda_w$	808 042.50	807 259.22	14 172.63	0.653 2	810 835.80	13 126.88	0.655 7
λ_w	1 040 673.34	1 039 470.00	10 798.81	0.840 0	1 044 258.48	9 701.79	0.843 8
$2\lambda_w$	1 201 189.21	1 198 570.81	10 722.23	0.967 4	1 198 950.99	10 171.60	0.967 6

首先,多阶段重复优化后的总收益增加。关于独立需求下确定性线性规划模型的重复优化效率,现有文献中一些仿真研究表明重复优化会带来收益的增加[9]。而 Cooper[124]给出了一个反例,说明重复优化策略会导致期望总收益的下降。本书的实验结果表明,对考虑旅客选择行为的概率非线性规划模型进行重复优化得到的多阶段动态控制策略能够使得总收益增加。如图 4-5 所示,各票价等级下和

各需求强度下,多阶段动态控制策略的平均收益比单阶段静态控制策略高。对比表 4-13、表 4-14 和表 4-15 中多阶段动态控制策略和单阶段静态控制策略仿真的标准差,可以看出多阶段动态控制策略收益的标准差普遍较小,说明随机需求下重复优化能够使得收益更稳定。

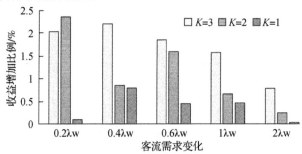

图 4-5 重复优化得到的平均收益增加比例

其次,重复优化不改变折扣销售的收益效果。分别计算多阶段动态控制策略和单阶段静态控制策略下增加折扣价格等级带来的期望收益增加比例,如图 4-6 所示,两种策略下折扣销售带来的收益变化规律基本一致。

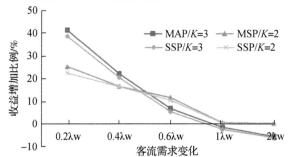

图 4-6 折扣销售得到的平均收益增加比例

再次,折扣销售会使客座率上升,且重复优化也会带来平均客座率的轻微上升。如图 4-7 所示,当需求强度小于 $2\lambda_w$ 时,随着票价等级的增加,平均客座率增

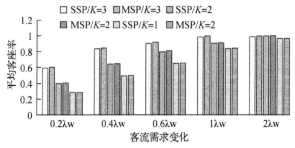

图 4-7 仿真平均客座率

加。当需求分布参数为 $2\lambda_w$ 时,票价等级由两个增加到三个的时候,平均客座率略减。多阶段动态控制策略相对单阶段静态控制策略,平均客座率增幅在 0.002 到 0.009 6 之间。

4.5 本章小结

本章采用随机规划的方法为第 2 章提出的基于多级票价体系下的席位存量控制模型提供解决思路和控制策略。首先,利用非齐次泊松过程描述购票需求,考虑高铁运输市场中旅客的选择行为对随机需求进行估计,建立多级票价体系下高铁多列车多停站网络的席位存量分配模型,将其转化为等价的线性规划模型并利用 CPLEX 快速求解。然后,利用模型的最优解生成静态的和动态更新的分割式预订限制控制策略,设计仿真算法,测试各控制策略的收益性能。最后,在数值实验中共设计三类实验。第一,使用 3.4 中的小规模实验网络进行数值实验,结果表明模型有效且求解高效。第二,扩大网络规模,增加不同停站方案的列车,增加票价等级,算例求解时间增加到 5.42 s,计算复杂度可满足应用要求。模型得到的最优席位存量分配方案根据对总收益的贡献度,依次满足全价长途、全价短途、折扣长途和折扣短途需求,且长途需求主要由停站较少的列车满足。利用席位存量分配模型对不同参数下的折扣销售收益变化进行测试,为高铁客票折扣销售提供应用指导。高铁旅客运输市场的需求价格弹性是影响折扣销售收益的重要因素,需求价格弹性足够大时折扣销售才会增加期望总收益,且需求价格弹性越大,期望总收益增加比例越大。不同票价等级的座位是同质,当折扣销售时,存在全价需求转移购买折扣客票的行为,从而影响折扣销售策略的收益性能。增加差异化元素有助于提高折扣销售的总收益,旅客对差异化元素敏感程度越高,采取折扣销售策略增加的收益越大。此外,需求水平也是影响折扣销售收益的重要因素。需求水平越低,折扣销售的收益会越好,需求水平足够高时,折扣销售会降低期望总收益。实际运营中应结合具体市场的旅客选择行为特征和需求特性进行研究和测试,为合理的折扣销售提供科学依据。第三,对静态的和动态更新的分割式预订限制控制策略进行仿真实验,结果表明重复优化得到的动态多阶段控制策略能够改善收益且性能更加稳定;折扣销售会使客座率上升,且重复优化也会带来客座率的轻微上升。

第 5 章 高铁席位存量分配与可变编组决策的联合优化

目前,高铁收益管理主要是从动态定价和席位分配的角度进行研究,基于固定的容量,对不同票价等级分配座位,或者是在不同预售时段调整预售价格,来获得收益最大。本书的第 3 章和第 4 章分别利用动态规划分解与仿真相结合的方法和随机规划的方法对基于固定容量的席位存量控制问题进行了探讨和分析。本章在第 2 章分析的多级票价体系下席位存量控制问题的基础上,研究容量约束具备一定柔性的席位存量控制问题。在航空运输实践中,在一定范围内调换机型可在一定程度上调节供给容量,机型调换与存量控制联合优化可获得收益的提升[104-105]。在高铁运输领域,可变编组技术的应用将会为供给能力的调节带来一定的柔性,如何将可变编组与存量控制联合优化,从匹配需求和最大化收益的角度对编组方案提出需求,同时生成席位存量分配方案,是本章要研究的内容。

5.1 可变编组技术应用分析

一直以来,中国的动车组编组固定为 8 辆或 16 辆,对于客流较大的线路会采用两列车重联的方式调节供给席位容量。但是运营实践中,高铁客流需求在空间上分布不均衡,固定编组无法适应不同线路的客流需求。我国高铁线路覆盖区域广,各线路客流特点差异大,像京沪高铁等繁忙线路能力不足,而西部一些线路客座率低、运能浪费严重。高铁客流需求在时间上分布不均衡,同一条线路在不同时间客流需求波动幅度大,固定编组无法适应同一线路不同时间的客流需求。因此,为缓解线路能力与客流需求之间匹配性差的矛盾,我国研制了可以实现 2—16 编可变编组的动车组,目前已经进入样车生产阶段[129]。其实,德国的 ICE4 动车组和法国 AGV 动车组,已经分别实现 5—14 辆和 7—14 辆的灵活编组[130]。可变编组动车组可根据客流需求变化灵活改变编组数量,对于改善高速铁路列车的服务质量、提高高速铁路运输企业的综合收益具有重要作用。本节首先分析可变编组动车组的编组形式,为后续研究提供基础;其次对可变编组的应用前景进行分析;最后从供需匹配的角度探讨可变编组和存量控制联合优化的意义。

5.1.1 可变编组的编组形式

可变编组动车组是指编组单元可以根据需要调整数量和调换其他同类单元的一种新型动车组。目前可变编组动车组的典型类型主要有德国西门子交通技术集团为德铁研制的 ICE 4 动车组,法国阿尔斯通公司为法铁研制的 AGV 动车组,还有我国中车唐山机车车辆有限公司研制的可变编组动车组。

1. ICE 4 编组形式

ICE 4 动车组基于模块化设计理念,能够实现 5—14 辆的灵活编组,具体编组形式如图 5-1 所示[127]。其中 7 辆编组和 12 辆编组为基本编组方案,分别带有 3 辆和 6 辆动力车辆。

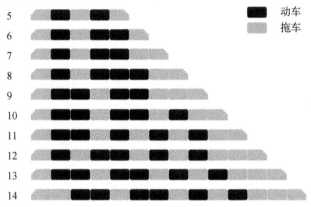

图 5-1 ICE 4 编组形式示意图

2. AGV 编组形式

AGV 是基于动力分散驱动和模块化编组的动车组列车,设计运营速度为 300~360 km/h。AGV 的基本编组形式为 7 辆,可实现 7—14 辆的灵活编组,编组形式如图 5-2 所示[127]。

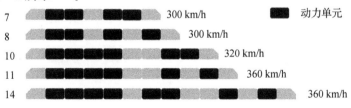

图 5-2 AGV 编组形式示意图

3. 我国可变编组动车组的编组形式

中车唐山机车车辆有限公司建设了两个可变编组动车组通用技术平台,设计速度分别为 160~250 km/h 和 250~350 km/h[124-126]。可变编组动车组的动力集中,编组模式为"Mc+nM+nT+nM+Mc",Mc 代表动力车头,M 代表中间动车,T 代表拖车,n 代表动车或拖车的数量。拖车包括单层和双层两种形式,其中双层拖车又包含双层二等座和餐货混合双层车。不同速度等级下的编组形式如表 5-1 所示[128]。

表 5-1 可变编组动车组的编组形式

速度等级	编组形式	编组数量	速度等级	编组形式	编组数量
160 km/h	Mc+T+Mc	3	200 km/h	Mc+3T+Mc	5
	Mc+M+4T+Mc	7		Mc+4T+Mc	6
	Mc+M+6T+M+Mc	10		Mc+M+5T+M+Mc	8
	Mc+2M+7T+M+Mc	12		Mc+M+7T+M+Mc	10
	Mc+2M+9T+M+Mc	14		Mc+M+10T+M+Mc	14
	Mc+2M+10T+2M+Mc	16		Mc+M+12T+M+Mc	16
200 km/h	Mc+Mc	2	250 km/h	Mc+T+Mc	3
	Mc+M+2T+Mc	5		Mc+2T+Mc	4
	Mc+M+4T+M+Mc	8		Mc+M+6T+M+Mc	10
	Mc+2M+6T+2M+Mc	12		Mc+M+8T+M+Mc	12
	Mc+2M+8T+2M+Mc	14		Mc+2M+9T+M+Mc	14
	Mc+3M+9T+2M+Mc	16		Mc+2M+10T+2M+Mc	16
250 km/h	Mc+M+2T+M+Mc	6	300 km/h	Mc+M+2T+Mc	5
	Mc+M+3T+M+Mc	7		Mc+M+3T+Mc	6
	Mc+2M+4T+M+Mc	9		Mc+M+4T+M+Mc	8
	Mc+2M+5T+M+Mc	10		Mc+2M+5T+M+Mc	10
	Mc+2M+5T+3M+Mc	12		Mc+2M+7T+3M+Mc	14
	Mc+3M+8T+3M+Mc	16		Mc+3M+8T+3M+Mc	16

续表

速度等级	编组形式	编组数量	速度等级	编组形式	编组数量
300 km/h	Mc+M+Mc	3	350 km/h	Mc+M+2T+M+Mc	6
	Mc+2M+Mc	4		Mc+2M+3T+M+Mc	8
	Mc+2M+2T+2M+Mc	8		Mc+2M+4T+2M+Mc	10
	Mc+3M+2T+3M+Mc	10		Mc+3M+5T+3M+Mc	13
	Mc+4M+4T+4M+Mc	14		Mc+4M+6T+3M+Mc	15
	Mc+5M+4T+5M+Mc	16		Mc+4M+6T+4M+Mc	16
	头车动力单元:750 kW 中间动车动力单元:1 500 kW			头车动力单元:1 300 kW 中间动车动力单元:2 600 kW	

5.1.2 可变编组的应用前景分析

1. 可变编组动车组的优势

可变编组动车组具备灵活调整编组形式的优势,可根据客流需求时空分布特点进行调节。除此之外,可变编组动车组的应用还具备以下几个方面的经济优势:

(1) 制造成本降低。既有 16 编动车组每列制造成本约 2.02 亿元,而可变编组动车组每列约 1.8 亿元[131]。固定编组动车组整列生产,整列检查,生产周期长,生产效率相对较低。而灵活编组动车组可分解生产,同步进行,生产效率较高。

(2) 运输企业节约采购成本。制造成本的下降,会带来运输企业采购成本和折旧费的节约。此外,固定编组动车组是整列购买,而可变编组动车组可以分解购买。固定编组动车组检修周期长,热备动车组和检备动车组占比高,采购固定资产投入高。而可变编组动车组由于采用模块化设计,便于故障车的拆解、更换和维修,热备动车组和检备动车组的占比大幅降低,装备利用率大幅提高,固定资产采购成本将大幅降低。

(3) 运营中节约能耗支出。动车组的能耗支出是运营成本的主要构成部分之一,由于旅客的载重远远低于动车组车辆的自重,所以能耗支出主要由列车的自重决定。与固定编组相比,可变编组动车组可减少空跑的动车车辆,从而节约不必要的能耗开支。

(4) 运营中节约检修成本。动车组的检修成本也是运营成本的主要构成部分。固定编组列车整列运营,不可拆解,整列检修,检修周期长。一列 8 辆固定编组的动车组年均检修、维护费用可达 1 500 万元，占整列动车组采购成本的 8%～12%[131]。可变编组动车组可以拆解检修，能够缩短临时检修周期，有效降低动车组的检修成本。

2. 可变编组动车组的劣势

可变编组动车组在应用中存在如下问题：

（1）整体改编作业的速度需要保障。整体改编作业的速度足够快，才能发挥出可变编组通过改编调节供给水平的优势。如春运、假期等周期性的客流高峰出现时，短期内需要改编的动车组数量庞大，对改编作业的快速性提出要求。

（2）整体改编作业的安全性需要保障。整车的密闭性、动力的平衡性需要在改编过程中得到保证。

（3）动车组改编作业需要专用的场地、设备和工作人员，待编的动车和拖车需要存车线。

3. 可变编组动车组应用的机遇

目前，可变编组动车组在我国高铁中的应用具备良好机遇。

（1）在客流需求较弱的线路，可变编组动车组具有较好的应用前景。目前的开行方案编制的原则是"按流开车"，即根据需求确定开行频率，在现有固定编组的前提下，许多客流较弱的线路开行频率较低，不利于出行需求的增加，空座率较高，运力资源存在浪费，例如郑西线、兰新线等。目前，运能充裕、开行频率较低或客座率不高的高铁线路仍然占到较高比例，引入可变编组动车组具有较好的前景。

（2）新线路开通，是可变编组动车组应用的机遇。到 2025 年，我国高速铁路建设里程将增长为 3.8 万 km。可变编组动车组在新线上应用，不存在原有固定编组动车组的替换问题，也不存在现有检修场地和装备的更新改造投资。因此，大量新线开通，是可变编组动车组应用的良好契机。

（3）客流旺盛，运输能力紧张，无法增加开行频率的线路，可引入可变编组中的双层车厢，扩充能力，应对需求的增长。像京沪线、京津城际、京广线等能力紧张的线路，压缩发车间隔、增开列车的空间已非常小，若配置双层拖车的动车组，可以在不增加开行列车对数的前提下扩充供给能力。

4. 挑战

（1）需要设置改编作业的场地、相关设备和人员。配置场地、设备、人员的约束条件和相关成本应用是可变编组动车组需要考虑的因素。

（2）需要配置相应的检修台位、检修设备和人员。既有高铁线路已配置固定编组动车组的检修台位、设备和人员，引入可变编组动车组的时候，需要更新改造。

（3）开行方案的编制难度增加，动车运用计划和检修计划的编制更为复杂。

当列车编组数量需要随着客流变化进行调节时,列车开行方案的编制将更为复杂,列车运行图执行和调度指挥工作也会增加难度。可变编组动车组可拆解的特性,能够提高设备利用率,但是在动车运用计划和检修计划的编制上会比固定编组更为复杂。

综合分析我国目前可变编组动车组应用的优势、劣势、机遇和挑战,可变编组动车组在我国高铁市场具有良好的应用前景。对于运能紧张的线路,采用双层设计的可变编组动车组有助于扩充运输能力;对于客流需求较小的线路,采用小编组的可变编组动车组有助于节约成本;对于客流需求变动幅度较大的情形,采用可变编组动车组有助于供需匹配。在实际应用中,高铁运输企业应结合线路的客流特点及动车组更换方式制订相应的应用方案。

5.1.3 可变编组与存量控制联合优化的意义

目前的高铁规划体系中,是在开行方案编制阶段,根据战略层面的需求预测,依据"按流开车"的原则确定列车开行频率和编组方案。由于我国高铁编组形式只分为8编组和16编组两种,所以对编组方案的优化关注较少。

航空运输中的机队分配(fleet assignment)影响着收益管理的容量约束。航空收益管理的研究表明机队分配与收益管理的联合优化可以获得收益的提升[104-105]。对于铁路运输而言,容量的改变与航空运输中调换机型不同,是通过改变编组形式来实现的。实际上,编组形式是根据客流需求来确定,而编组形式的确定为收益管理提供了容量的约束,同时收益管理手段的应用会影响客流需求的改变,从而影响最佳编组形式的确定,二者的影响关系如图5-3所示。因此,收益管理技术需要考虑由可变编组带来的容量约束的改变,而列车编组方案的确定也应该考虑收益管理技术的实施所带来的对需求的影响。因此,将编组和收益管理联合优化对供需匹配和改善收益具有非常重要的意义。

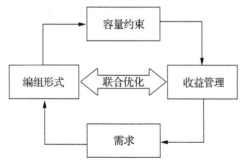

图5-3 编组形式与收益管理的关系

本章沿着收益管理与运输计划相结合的研究思路,考虑引入可变编组技术后,列车容量可在一定程度上进行调整,研究多级票价体系下单列车和多列车的席位存量分配与编组方案的联合优化问题,并设计数值实验验证模型的有效性,以获得一些规律为可变编组的运用提供参考。

5.2　单列车席位存量分配与可变编组联合优化模型

本节考虑连续随机购票需求,建立单列车情形下可变编组与席位存量分配的联合优化模型。针对建立的非线性随机规划模型,设计确定需求下的线性规划最优解与粒子群算法相结合的优化算法进行高效求解。本节使用的主要变量符号及其说明如表5-2所示。

表5-2　本节变量及符号说明

符号	含义
a	相邻车站之间的区段,$a=1,2,\cdots,A$,该线路共有 A 个区段
k	票价等级,$k=1,2,\cdots,K$,共有 K 个票价等级
$\langle i,j,k \rangle$	客票产品,用ODF唯一标识,表示从车站 i 出发,到达车站 j,票价等级为 k 的客票
$fare_{i,j}^k$	客票产品 $\langle i,j,k \rangle$ 的票价
$f_{i,j}^k(x)$	客票产品 $\langle i,j,k \rangle$ 的需求密度分布函数
$\mu_{i,j}^k$	客票产品 $\langle i,j,k \rangle$ 的需求分布均值
$\sigma_{i,j}^k$	客票产品 $\langle i,j,k \rangle$ 的需求分布方差
$b_{i,j}^k$	客票产品 $\langle i,j,k \rangle$ 的预定限制,模型决策变量,B 是由 $b_{i,j}^k$ 组成的矩阵
$S_{i,j}^k(b_{i,j}^k)$	执行策略 $b_{i,j}^k$ 时的期望销售量
z_m	模型决策变量,$z_m \in \{0,1\}$,当 $z_m=1$ 说明编组方案 m 为最优编组方案,否则 $z_m=0$,$m \in \{1,2,\cdots,M\}$,共有 M 种可行编组方案
$c_{m,a}$	编组方案为 m 时,区段 a 的席位容量
R	期望利润,等于期望客票总收入减去运营成本
x_h^t	粒子 h 第 t 次迭代时的位置,其中 $h=1,2,\cdots,p_{size}$,$t=0,1,\cdots,T$,当 $t=0$ 时表示初始状态
v_h^t	粒子 h 第 t 次迭代时的速度
y_h^t	粒子 h 在之前所有迭代中的最佳位置
y_g^t	全部粒子范围内在之前所有迭代中的最佳位置

5.2.1 问题描述

假设一个高铁运输企业运营一条高铁线路,该线路包含若干个车站,单列车所形成的服务网络如图5-4所示。每个车站代表起点(Origin)或终点(Destination),相邻车站之间的区段用 a 表示,该线路共有 A 个区段。同质的座位(以二等座为研究对象)通过折扣销售共形成 K 个票价等级,票价等级表示为 k,因此客票产品可以用 ODF(始发地—目的地票价)来表示,即产品 $\langle i,j,k \rangle$ 表示从车站 i 出发,到达车站 j,票价等级为 k 的客票。$fare_{i,j}^{k}$ 表示 ODF$\langle i,j,k \rangle$ 的票价。假设每个 ODF 的需求服从独立的正态分布。高铁运输企业在列车发车前向乘客预售客票,预售结束时座位价值消逝。高铁运输企业的目标是通过确定每个 ODF 的预定限制和最佳的列车编组方案,来最大化期望利润。

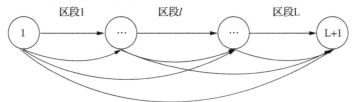

图5-4 单列车高铁服务网络示意图

5.2.2 模型建立

假设每个客票产品 $\langle i,j,k \rangle$ 的需求是服从正态分布的随机变量,均值和方差分别为 $\mu_{i,j}^{k}$ 和 $\sigma_{i,j}^{k}$,那么每个 ODF 的需求密度函数可以表示为:

$$f_{i,j}^{k}(x)=\frac{1}{\sqrt{2\pi}\sigma_{i,j}^{k}}\exp\left(-\frac{(x-\mu_{i,j}^{k})^2}{2\sigma_{i,j}^{k2}}\right) \quad (5-1)$$

令 $b_{i,j}^{k}$ 表示产品 $\langle i,j,k \rangle$ 的预定限制,那么在该策略下的期望销售量 $S_{i,j}^{k}(b_{i,j}^{k})$ 可以表示为:

$$S_{i,j}^{k}(b_{i,j}^{k}) = \int_{0}^{b_{i,j}^{k}} x f_{i,j}^{k}(x) + b_{i,j}^{k}\int_{b_{i,j}^{k}}^{\infty} f_{i,j}^{k}(x) \quad (5-2)$$

根据5.1.1的分析,我国的可变编组动车组可实现2—16辆的灵活编组,可行编组方案的集合表示为 $\{1,2,\cdots,M\}$,任意编组方案 $m \in \{1,2,\cdots,M\}$ 对应的运营成本表示为 F_m。不同编组方案的运营成本主要区别在于分摊的车辆购置成本、能耗成本、检修成本等。动车组运营成本的核算非常复杂,在此只需测算不同编组方案的成本差异,便可采用该模型进行方案优化。引入决策变量 $z_m \in \{0,1\}$ 表示编组方案 m 是否被选择,当 $z_m=1$ 说明编组方案 m 为最优编组方案,否则 $z_m=0$。当编组方案为 m 时,区段 l 的席位容量表示为 $c_{m,a}$。不考虑无座票、超售和购票未乘

坐(no-show)的情形,容量约束表示为:

$$\sum_{k=1}^{K}\sum_{i=1}^{a}\sum_{j=a+1}^{A+1}b_{i,j}^{k} \leqslant \sum_{m=1}^{M}z_{m}c_{m,a}, \forall a \quad (5-3)$$

令 R 表示期望总收益减去运营成本,因此建立单列车编组方案与席位分配联合优化随机模型 VRNLP 如下:

$$\text{VRNLP}: R = \max\sum_{k=1}^{K}\sum_{i=1}^{a}\sum_{j=a+1}^{A+1} fare_{i,j}^{k} S_{i,j}^{k}(b_{i,j}^{k}) - \sum_{m=1}^{M}z_{m}F_{m}$$
$$(5-4)$$

$$\text{s. t. } \sum_{k=1}^{K}\sum_{i=1}^{a}\sum_{j=a+1}^{A+1}b_{i,j}^{k} \leqslant \sum_{m=1}^{M}z_{m}c_{m,a}, \forall a$$

$$b_{i,j}^{k} \in Z^{+}, \forall i,j,k$$

$$\sum_{m=1}^{M}z_{m} = 1$$

$$z_{m} \in \{0,1\}, \forall m$$

该模型为混合整数非线性规划模型,难以获得精确求解,下面设计分阶段的粒子群算法进行求解。

5.2.3 粒子群求解算法

由于单列车所面临的可行编组方案是有限的,因此,求解时将模型做简化处理,对于每一种可行的编组方案 m,其收益和席位存量分配可通过求解以下模型 FRNLP 得到,然后通过计算和对比各编组方案的收益减去运营成本的情况,确定最优编组方案和席位存量分配计划。

$$\text{FRNLP}: R = \max\sum_{k=1}^{K}\sum_{i=1}^{a}\sum_{j=a+1}^{A+1} fare_{i,j}^{k} S_{i,j}^{k}(b_{i,j}^{k}) \quad (5-5)$$

$$\text{s. t. } \sum_{k=1}^{K}\sum_{i=1}^{a}\sum_{j=a+1}^{A+1}b_{i,j}^{k} \leqslant c_{m,a}, \forall a$$

$$b_{i,j}^{k} \in Z^{+}, \forall i,j,k$$

模型 FRNLP 是非线性整数规划,基于确定性规划初始解的粒子群算法可以获得高质量的解,且速度快,是处理该类问题的高效率算法[54]。针对模型 FRNLP 设计粒子群算法,需要确定初始解、适应度函数、速度和位置的更新规则。

1. 生成初始粒子群

将随机需求的均值作为确定性需求输入,并且放松整数约束,得到与模型 FRNLP 相对应的确定性模型 FDLP 线性规划模型,利用现有求解器精确求解模型 FDLP,以其最优解为基础生成随机需求下模型的初始粒子群:

$$\text{FDLP}: R = \max\sum_{k=1}^{K}\sum_{i=1}^{a}\sum_{j=a+1}^{A+1} fare_{i,j}^{k} b_{i,j}^{k} \quad (5-6)$$

$$\text{s. t. } \sum_{k=1}^{K}\sum_{i=1}^{a}\sum_{j=a+1}^{A+1}b_{i,j}^{k} \leqslant c_{m,a}, \forall a$$

$$0 \leqslant b_{i,j}^{k} \leqslant \mu_{i,j}^{k}, \forall i,j,k$$

B 是由 $b_{i,j}^k$ 组成的矩阵，那么 B^* 表示模型 FDLP 的最优解，粒子 h 的初始位置 x_h^0 由公式(5-7)产生：

$$x_h^0 = B^* + r_h, \quad \forall h = 1, 2, \cdots, p_{size} \tag{5-7}$$

由于模型决策变量是向量，所以每一个粒子实际上就是一个向量，p_{size} 表示粒子的数量；r_h 为随机向量；各元素服从 $(-3,3)$ 的均匀分布；初始速度向量 v_h^0 置为零。

2. 适应度函数

将粒子 h 的位置转化为模型 FRNLP 的预定限制 B，即 $B = [x_h^t]^+$，且 B 满足模型的约束。那么模型 FRNLP 的目标函数就是粒子群算法中的适应度函数。

3. 速度和位置的更新规则

v_h^{t+1} 表示粒子 h 在 $t+1$ 次迭代中的飞行速度，根据公式(5-8)进行更新：

$$v_h^{t+1} = \omega v_h^t + \gamma_1 \beta_h^t (y_h^t - x_h^t) + \gamma_2 \theta_h^t (y_g^t - x_h^t) \tag{5-8}$$

其中 ω、γ_1 和 γ_2 为控制因子，β_h^t 和 θ_h^t 分别为随机变量且服从 $(0,1)$ 的均匀分布，体现了随机性。y_h^t 表示粒子 h 在之前所有迭代中的最佳位置，而 y_g^t 记录全部粒子范围内在之前所有迭代中的最佳位置。粒子位置按照公式(5-9)进行更新：

$$x_h^{t+1} = x_h^t + v_h^{t+1} \tag{5-9}$$

整体算法的流程如图 5-5 所示，具体的算法步骤如下：

Step 1　针对所有可行编组方案，建立模型 FRNLP，并进行求解。

Step 2　采用线性规划与粒子群算法相结合的算法求解每一个 FRNLP 模型。设置粒子群规模 p_{size}、最大迭代次数 T、ω、γ_1、γ_2 等其他参数。

Step 2.1　调用求解器求解模型 FDLP，并根据公式(5-7)产生粒子群初始位置 x_h^0，粒子群初始速度 $v_h^0 = \mathbf{0}$。

Step 2.2　计算适应度函数并记录。若 B 满足模型约束条件，计算目标函数值，若 B 不满足模型约束条件，则 $B=0$ 且适应度函数值置为 0。

Step 2.3　更新速度和位置。根据公式(5-8)更新粒子速度，然后根据公式(5-9)更新各粒子的位置。

Step 2.4　通过对比适应度函数的值，更新每个粒子的最佳位置 y_h^t 和群体中的最佳位置 y_g^t。

Step 2.5　若 $h < p_{size}$，则 $h = h+1$，返回 Step 2.2。

Step 2.6　若 $t < T$，则 $t = t+1$，返回 Step 2.2。

Step 2.7　输出群体最佳位置 y_g^t 和对应的适应度函数值。

Step 3　计算各可行编组方案下的收益与运营成本之差，得到最佳的编组方案和相应的席位存量分配方案。

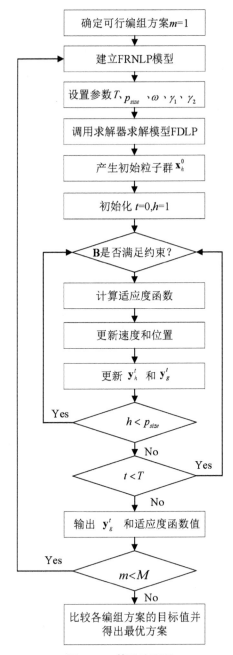

图 5-5 算法流程图

5.3 多列车席位存量分配与可变编组联合优化模型

本节采用离散随机变量描述旅客购票需求,考虑旅客在不同车次和不同票价等级之间的购票选择行为,建立多列车可变编组与席位存量分配联合优化模型,采用将随机非线性规划转化为线性规划的方式进行求解。为方便阅读,本节涉及的变量符号及含义说明如表5-3所示。

表5-3 本节变量及符号说明

符号	含义说明
N	站点数量,相应的 $N-1$ 为区段数量
B	开行高铁列车数量,B 表示高铁列车集合
K	票价等级数量,K 表示票价等级集合
W	高铁线路服务的 OD 对数量,W 表示 OD 对数量集合
$\langle b,w,k \rangle$	客票产品,表示 b 列车服务于 OD 对 w 的第 k 个等级的客票
$f_{b,w,k}$	客票产品 $\langle b,w,k \rangle$ 的票价
$t_{b,w}$	列车 b 在第 w 个 OD 对的运行时间
$d_{b,w}$	旅客愿意为列车 b 的出发时刻支付的费用
α	旅客时间价值
$s_{b,w,k}$	购买客票产品 $\langle b,w,k \rangle$ 可获得的常旅客积分
β	旅客选择对常旅客积分的敏感系数
$V_{b,w,k}$	客票产品 $\langle b,w,k \rangle$ 的可测效用
$p_{b,w,k}$	旅客选择客票产品 $\langle b,w,k \rangle$ 的概率
θ	表示旅客对于各客票产品的熟悉程度
l	表示旅客群体类别,L 表示旅客类别集合,$l \in L$
λ^l	旅客群体类别为 l 的到达概率
λ_w	OD 对 w 的需求分布参数
$D_{b,w,k}$	客票产品 $\langle b,w,k \rangle$ 的购票需求
m	编组方案,M 为可行编组方案集合
$z_{b,m}$	0—1 决策变量,$z_{b,m}=1$ 表示列车 b 的编组方案为 m,$z_{b,m}=0$ 表示列车 b 的编组方案不是 m

续表

符号	含义说明
τ_m	编组方案 m 的运营成本
$x_{b,w,k}$	表示分配给客票产品 $\langle b,w,k \rangle$ 的席位存量，x 为 $x_{b,w,k}$ 的集合，表示席位存量分配方案
$\delta_{b,w,k}^{a}$	客票产品 $\langle b,w,k \rangle$ 与区段 a 的占用关系，若 $\langle b,w,k \rangle$ 占用区段 a，$\delta_{b,w,k}^{a}=1$；否则 $\delta_{b,w,k}^{a}=0$
R^{PNLP}	该高铁线路上所有列车的售票期望收益总和
C_m	编组方案为 m 时的额定座位容量
$u_{b,w,k}$	根据列车 b 的停站方案取值，当列车 b 停靠第 w 个 OD 两端的站点时，其对应的 k 等级客票可以服务于第 w 个 OD，$u_{b,w,k}=1$，否则 $u_{b,w,k}=0$
$y_{b,w,k}^{h}$	$y_{b,w,k}^{h} \in \{0,1\}$，当第 h 个资源分配给客票产品 $\langle b,w,k \rangle$ 时 $y_{b,w,k}^{h}=1$，否则为 0
$H_{b,w,k}$	$H_{b,w,k}=\min\{C_b^a : \delta_{b,w,k}^{a}=1\}$ 是可以分配给客票产品 $\langle b,w,k \rangle$ 的席位数的上界，即产品 $\langle b,w,k \rangle$ 占用的所有区段上的最小席位数
R^{PLP}	等价线性规划模型的目标函数值

5.3.1 问题描述

考虑高铁运输企业经营某条高铁线路，如图 5-6 所示。该线路共有 N 个车站，共开行 B 列列车且各列车的停站方案不同。车站 1 代表始发站，车站 N 代表终到站。每个车站代表一个出发点或者目的点。相邻车站间的连线定义为区段，用 a 表示，因此该线路共包含 $N-1$ 个区段。每列车的座位数随着编组数量的变化而变化。为了吸引更多的客流，高铁运输企业对同质的座位进行折扣销售形成多个价格等级。因此，以二等座为例来分析时，可以用 $\langle b,w,k \rangle$ 唯一标识运输企业的产品，表示列车 b 服务于 OD 对 w 的等级为 k 的车票。高铁运输企业采用预定限制的控制方式，即当产品 $\langle b,w,k \rangle$ 所分配的席位存量售空时将拒绝该类产品的订

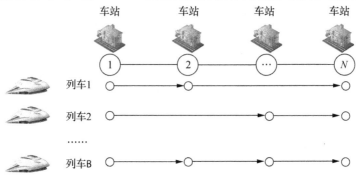

图 5-6 高铁多列车服务网络示意图

票请求。高铁运输企业为最大化收益,在可行的编组约束下,需要决策有限的座位资源如何分配给各个产品,同时确定各列车的编组数量。

1. 旅客选择行为

对于给定的 OD 对 w,乘客将面临在多个产品间选择的问题。列车发车时刻、运行时间和票价会显著影响乘客在不同列车产品间的选择。但是当通过折扣销售建立多等级票价体系时,相同列车相同座位等级会存在不同的票价,可能出现全价票需求转向购买折扣票的 Buy-down 行为。这种 Buy-down 行为将会降低预订限制模型的收益性能。因此,应对相同列车相同座位等级不同价格的产品设置差异化服务元素。在此继续采用 4.1.1 中对旅客选择行为的描述,选用常旅客积分作为差异化服务元素进行探讨。因此,选择产品 $\langle b,w,k \rangle$ 的系统效用可以定义为:

$$V_{b,w,k} = -\alpha t_{b,w} - f_{b,w,k} - d_{b,w} + \beta s_{b,w,k} \tag{5-10}$$

其中 $t_{b,w}$ 代表列车 b 在 OD 对 w 之间的运行时间,α 是旅客的时间价值,$f_{b,w,k}$ 表示产品 $\langle b,w,k \rangle$ 的票价,$d_{b,w}$ 代表乘客对出发时刻的购买意愿,$s_{b,w,k}$ 代表都买产品 $\langle b,w,k \rangle$ 所获得的常旅客积分,β 是旅客选择对常旅客积分的敏感系数。

旅客选择产品 $\langle b,w,k \rangle$ 的概率可根据离散选择模型计算,如 MNL、Nested Logit、Mixed Logit 等。假设每个产品的随机效用部分 ε 独立且服从 Gumbel 分布,选择概率 $p_{b,w,k}$ 可根据 MNL 模型得到:

$$p_{b,w,k} = \frac{\exp\{\theta V_{b,w,k}\}}{\sum_{b \in B} \sum_{k \in K} \exp\{\theta V_{b,w,k}\}} \tag{5-11}$$

式中 θ 描述的是旅客对产品的熟悉程度,可根据历史售票数据或调查问卷数据采用极大似然法估计参数 α,β 和 θ。

2. 随机需求

采用 4.1.2 中随机需求的描述方式。假设整个预售期内的预定请求到达为非齐次泊松过程。每个 OD 的需求互相独立。乘客的选择决策相互独立,且在 OD 对 w 间出行的旅客根据公式(5-11)在 $B \times K$ 种产品间进行选择。令 $D_{b,w,k}$ 表示整个预售期内的随机累积预订请求数量,即整个预售期内的总需求。令 λ_w 表示整个预售期内的平均需求,则 $D_{b,w,k}$ 为服从参数 $\lambda_w \cdot p_{b,w,k}$ 的泊松分布的随机变量。

5.3.2 模型建立

1. 模型假设

本书基于收益管理模型的一些基本假设如下:假设各 OD 市场的旅客购票请求到达服从非齐次泊松过程;不考虑超售、站票、退票和 no-shows 等;列车发车后,所有的座位失去价值。

2. 模型建立

$x_{b,w,k}$ 表示分配给客票产品 $\langle b,w,k \rangle$ 的席位存量,即分配得到的预定限制数量。x 是 $x_{b,w,k}$ 的集合,表示席位存量分配方案。$\forall a,b \in \mathbf{R}$,定义 $a \wedge b$ 代表 $\min\{a,b\}$,那么 $E[x_{b,w,k} \wedge D_{b,w,k}]$ 表示产品 $\langle b,w,k \rangle$ 的期望销售量。引入 0—1 决策变量 $z_{b,m}$,$z_{b,m}=1$ 表示列车 b 的最佳编组方案为 m;$z_{b,m}=0$ 表示列车 b 的最佳编组方案不是 m。根据 5.1.1 的分析,我国高铁可变编组动车组可实现 2—16 编的多种编方案,可行编组方案集合表示为 $\mathbf{M}$,每种编组方案的运营成本表示为 τ_m。由于高铁运营中,随着旅客数量的增加所带来的变动成本的增加可被忽略,因此,主要测算由不同列车编组带来的运营成本的差异。不同编组方案运营成本的主要区别在于分摊的车辆购置成本、能耗成本、检修成本等。高铁运输企业为了最大化期望总收益,需要决策每列车的编组数量和各列车的席位存量分配计划,如式(5-12)所示:

$$R^{PNLP} = \max_{x} \sum_{b \in \mathbf{B}} \sum_{w \in \mathbf{W}} \sum_{k \in \mathbf{K}} f_{b,w,k} E[x_{b,w,k} \wedge D_{b,w,k}] - \sum_{b \in \mathbf{B}} \sum_{m \in \mathbf{M}} z_{b,m} \tau_m \quad (5-12)$$

使用 $\delta^a_{b,w,k} \in (0,1)$ 描述产品 $\langle b,w,k \rangle$ 和区段 a 的占用关系,当产品 $\langle b,w,k \rangle$ 占用区段 a 的座位时 $\delta^a_{b,w,k}=1$,否则 $\delta^a_{b,w,k}=0$。C_m 代表编组方案 m 的座位容量(相同座位等级,如二等座)。由于不考虑超售和站票,需要保证每列车每个区段上的座位占用不超过列车的额定容量,如式(5-13)所示:

$$\sum_{w \in \mathbf{W}} \sum_{k \in \mathbf{K}} \delta^a_{b,w,k} \cdot x_{b,w,k} \leqslant \sum_{m \in \mathbf{M}} z_{b,m} C_m, \quad \forall b \in \mathbf{B}, \forall a = 1,2,\cdots,N-1$$

$$(5-13)$$

考虑不同列车具有不同的停站方案,引入变量 $u_{b,w,k} \in (0,1)$,当列车 b 在 OD 对 w 的两端停靠,能够提供 k 等级客票供 OD 对 w 的旅客购买时 $u_{b,w,k}=1$,否则 $u_{b,w,k}=0$。当 $u_{b,w,k}=1$,决策变量 $x_{b,w,k} \geqslant 0$;当 $u_{b,w,k}=0$ 时,列车 b 所有等级的客票均不能为 OD 对 w 之间出行的旅客服务。因此 $x_{b,w,k}=0$,如式(5-14)所示:

$$(1-u_{b,w,k})x_{b,w,k}=0, \quad \forall b \in \mathbf{B}, w \in \mathbf{W}, k \in \mathbf{K} \quad (5-14)$$

每列车有且只有一种编组方案,如公式(5-15)所示:

$$\sum_{m \in \mathbf{M}} z_{b,m} = 1, \quad \forall b \in \mathbf{B} \quad (5-15)$$

决策变量 $x_{b,w,k}$ 和 z_b 的取值范围如式(5-16)和(5-17)所示:

$$x_{b,w,k} \in \mathbf{R}_+, \forall b \in \mathbf{B}, w \in \mathbf{W}, k \in \mathbf{K} \quad (5-16)$$

$$z_{b,m} \in \{0,1\}, \forall b \in \mathbf{B}, \forall m \in \mathbf{M} \quad (5-17)$$

综上,给定每个 OD 的随机需求分布,建立概率非线性模型如式(5-12)~(5-17),其目标是获得该线路总的期望收益减去运营成本的最大化,决策变量为席位存量分配方案和编组方案。

5.3.3 模型求解

由于旅客的预定请求到达是离散的,上述概率非线性规划模型可以转换为等价的线性规划模型。尽管转换之后,变量的数量急剧增加,但是利用 ILOG CPLEX 的优势可以快速求解该模型。

定义 $y_{b,w,k}^h \in \{0,1\}$,当第 h 个座位分配给了产品 $\langle b,w,k \rangle$ 时,$y_{b,w,k}^h = 1$,否则 $y_{b,w,k}^h = 0$。$P(D_{b,w,k} \geq h)$ 表示需求 $D_{b,w,k}$ 大于等于 h 的概率。期望销售量可以转换为:

$$E[x_{b,w,k} \wedge D_{b,w,k}] = \sum_{h=1}^{M_{b,w,k}} y_{b,w,k}^h P(D_{b,w,k} \geq h) \tag{5-18}$$

产品 $\langle b,w,k \rangle$ 在整个预售期的总需求 $D_{b,w,k}$ 服从参数为 $\lambda_w \cdot p_{b,w,k}$ 的泊松分布,这就保证了 $P(D_{b,w,k} \geq h)$ 随着 h 递减,且期望销售量 $E[x_{b,w,k} \wedge D_{b,w,k}]$ 也随着 h 递减。

定义 $H_{b,w,k}$ 为可分配给产品 $\langle b,w,k \rangle$ 的座位数的上限。等价的混合整数线性规划模型如下:

$$R^{PLP} = \max_{x,y} \sum_{b \in B} \sum_{w \in W} \sum_{k \in K} \sum_{h=1}^{H_{b,w,k}} f_{b,w,k} y_{b,w,k}^h P(D_{b,w,k} \geq h) - \sum_{b \in B} \sum_{m \in M} z_{b,m} \tau_m \tag{5-19}$$

$s.t.$ (5-13),(5-14),(5-15),(5-16),(5-17)

$$x_{b,w,k} = \sum_{h=1}^{H_{b,w,k}} y_{b,w,k}^h, \quad \forall b \in B, w \in W, k \in K \tag{5-20}$$

$$y_{b,w,k}^h \geq y_{b,w,k}^{h+1}, \quad \forall b \in B, w \in W, k \in K, h \in \{H/H_{b,w,k}\} \tag{5-21}$$

$$y_{b,w,k}^h \in [0,1], \forall b \in B, w \in W, k \in K, h \in H \tag{5-22}$$

定理 5.1 已知 R^{PLP} 的最优解为 (x^*, y^*),那么 x^* 也是 R^{PNLP} 的最优解。

证明过程可参考 Talluri 和 Van Ryzin[9] 和 Wang 等[70] 的研究。因此,利用 ILOG CPLEX 求解等价的线性规划模型,可获得原随机规划模型的最优解。

5.4 数值实验

5.4.1 单列车优化实验

1. 实验数据

以一条包含 4 个区段 5 个车站的高铁线路为例,假设在这条线路上运营的某列高铁列车,其编组方案可以从 2—16 辆进行调节,每辆车厢定员 70 个座位。如图 5-7 所示,该列车可以为 10 个 OD 对提供出行服务,根据折扣销售设置三个票价等级,分别为全价票、八折票和六折票。各 OD 的全价票需求服从独立的正态分布,其均值和标准差如表 5-4 所示。由于高铁客流需求具有一定的弹性,因此折扣销售时客流需求增加,各 OD 的折扣票需求的均值和标准差按照如下公式确定[63]:

$$\mu_{i,j}^k = -2.5\mu_{i,j}^1 \times \frac{p_{i,j}^k}{p_{i,j}^1} + 3.5\mu_{i,j}^1 \quad (5-22)$$

$$\sigma_{i,j}^k = -2.5\sigma_{i,j}^1 \times \frac{p_{i,j}^k}{p_{i,j}^1} + 3.5\sigma_{i,j}^1 \quad (5-23)$$

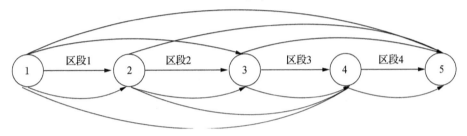

图 5-7 高铁单列车服务网络

表 5-4 需求参数设置

OD	2	3	4	5
1	54.5,80,7.8	144.5,95,9	184.5,88,8.5	194.5,76,7.2
2		89.5,84,8.6	129.5,92,7.3	139.5,120,10.2
3			39.5,105,7.3	49.5,126,9.5
4				9.5,78,7.5

不同编组方案的运营成本核算较为复杂,在此只需要核算出不同编组方案下运营成本的区别就可以运用模型进行优化计算。假设列车编组中每增加一辆平均增加成本约 4 600 元。粒子群规模 $p_{size}=30$,最大迭代次数 $T=500$,控制因子 ω、γ_1、γ_2 分别设为 0.5,0.8 和 0.4。

2. 实验结果

在处理器为 Intel Core i7 内存为 8G 的笔记本电脑上,使用 MATLAB 2016b 编程实现求解算法,求解模型得到每个 ODF 的预订限制。上述设定下的模型计算结果如表 5-5 所示。在此需求水平下,列车编组模式为 13 辆时可以获得最优目标值,$R=24\ 101.16$ 元,计算时间 69.372 s。如果采用当前固定编组的 8 辆或者

16 辆的形式,均不能与需求很好地匹配,收益性能表现较差。因此,可变编组的调节对于匹配需求获得最佳收益具有非常重要的意义。

表 5-5 模型计算结果

OD	(1,2)	(1,3)	(1,4)	(1,5)	(2,3)	(2,4)	(2,5)	(3,4)	(3,5)	(4,5)
b_{ij}^{1*}	80.0	95.0	88.0	76.0	84.0	92.0	120.0	72.5	126.0	78.0
b_{ij}^{2*}	120.0	142.5	98.5	114.0	0.0	0.0	0.0	0.0	123.0	117.0
b_{ij}^{3*}	96.0	0.0	0.0	0.0	0.0	0.0	0.0	0.0	0.0	156.0
b_{ij}^{1}	81	94	88	76	85	90	118	72	126	78
b_{ij}^{2}	121	143	98	111	0	1	1	0	124	116
b_{ij}^{3}	95	1	1	1	1	0	1	1	1	156

3. 结果讨论

首先,为了考查不同需求水平下的收益效果,改变需求分布的均值,计算模型目标函数值,如图 5-8 所示。平均需求水平越低,最优编组方案中的编组数量越小。当平均需求水平较高时,编组数量越大,目标函数值越高。

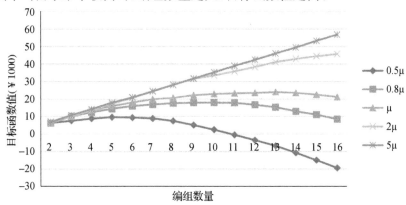

图 5-8 需求均值变化时的结果

因此,当高铁线路的客流需求较低时,运能较充裕,高铁运输企业应该采用小编组来获得更高的收益;而当客流需求旺盛时,应该采用大编组来获得更高的收益。

其次,为了考查需求变动水平对结果的影响,保持其他参数不变,变化需求分布方差,得到的结果如图 5-9 所示。需求的标准差越大,需求的随机波动性越强,平均收益越低,高铁运输企业可以通过减少编组数量来获得更高的收益。

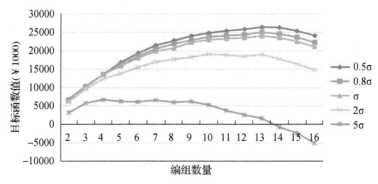

图 5-9 需求标准差变化时的结果

最后,为了考查票价等级的影响,保持其他参数不变,改变票价等级,分析各编组方案下的期望收益,计算结果如图 5-10 所示。单一固定票价的收益性能最差,三个票价等级的收益性能表现最好。具体的席位存量分配方案和编组方案如表 5-6 所示。尽管越低的价格能够刺激越多的需求,但是分配到第 4 和第 5 个票价等级的席位存量非常少。因为不同的编组方案导致不同的运营成本。运营成本随着编组数量增加而增加,当通过低票价刺激需求所得到的收益不足以弥补增加编组所带来的成本时,设置更多的票价等级将不会带来利润的增加。这与张力和蓝伯雄[63]的研究结果相比存在差异,他们研究认为固定容量的前提下,运营成本固定,客票的边际成本极低,因此越多的票价等级,越低的折扣售出越多的客票,可增加期望收益,因此他们得出的结论是票价等级越多收益越高。而本书的研究中,可变编组导致容量具有一定柔性,容量的改变会带来运营成本的改变,所以结论与其存在差异。因此,高铁运输企业应当详细对比分析各编组方案的运营成本的差异,对于优化编组获得最佳利润具有非常重要的意义。

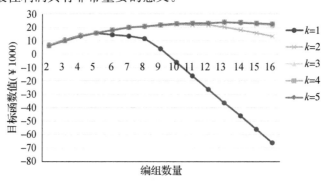

图 5-10 票价等级变化时的结果

表 5-6 不同票价等级下的方案对比

OD		(1,2)	(1,3)	(1,4)	(1,5)	(2,3)	(2,4)	(2,5)	(3,4)	(3,5)	(4,5)	R	m
$K=2$	b_{ij}^1	80	95	86	75	2	80	119	29	127	79	22 081.30	10
	b_{ij}^2	120	129	2	112	0	0	0	0	69	118		
$K=3$	b_{ij}^1	81	94	88	76	85	90	118	72	126	78	24101.16	13
	b_{ij}^2	121	143	98	111	0	1	1	0	124	116		
	b_{ij}^3	95	1	1	1	1	0	1	1	1	156		
$K=4$	b_{ij}^1	81	95	86	75	84	91	119	105	125	78	24 053.41	13
	b_{ij}^2	120	141	97	113	1	1	0	0	90	118		
	b_{ij}^3	96	1	2	1	0	2	0	0	1	155		
	b_{ij}^4	2	0	0	0	1	0	0	0	0	34		
$K=5$	b_{ij}^1	80	95	87	75	84	92	118	105	126	78	23 746.51	13
	b_{ij}^2	121	142	97	113	0	0	0	0	89	117		
	b_{ij}^3	96	0	0	0	0	0	0	1	1	158		
	b_{ij}^4	0	0	0	0	0	0	0	0	1	32		
	b_{ij}^5	0	0	0	1	0	2	0	1	0	0		

5.4.2 多列车优化实验

1. 实验数据

高铁运输企业经营某条共有 8 个车站的高速铁路线路,共开行 4 列不同停站方案的高铁列车。实际上,本章提出的模型能够处理具有任意不同停站方案的多列车所构成的网络问题。停站方案如图 4-1 所示,车站记为 S1,S2,S3,S4,S5,S6,S7 和 S8。具有不同停站方案的列车分别标记为 G1,G3,G5 和 G7。根据 5.1 中的分析,可行编组方案设置为 2—16 编共 15 种方案,以二等座作为分析对象,平均每个编组单元的座位数设为 70,可得到 15 种编组方案的额定容量。各编组方案的运营成本设定与 5.4.1 相同,仍然按照平均每增加 1 个编组单元大约增加 4 600 元计算。每个 OD 的需求服从泊松分布,参数 λ_w 和各 OD 间各列车的全价票票价如表 4-4 所示。旅客对于列车发车时刻的支付意愿如表 4-5 所示。列车运行时间如表 4-6 所示。设置全价票、八折票和六折票三个票价等级。根据中国铁路总公司的常旅客计划,购买全价票的旅客可以获得票面价格 5 倍的积分。在实验中,购买全价票给予票面价格 5 倍的积分,购买八折票给予票面价格单倍的积分,而购买六折票则没有积分。参数 α,β 和 θ 分别设置为 36,0.05 和 0.012。

中国高铁市场旅客需求具有一定的价格弹性,折扣销售能够刺激旅客需求,进而增加收益。本书参考郑金子[95]的研究,采用经济学中应用普遍的 Log-Linear 需求函数来描述价格和需求之间的关系,如式(4-13)所示。E_f 表示需求价格弹性的绝对值,设置 $E_f=1.25$。

2. 实验结果

按照上述参数设置,采用 ILOG CPLEX 在处理器为 Intel(R) Xeon(R) E3—1225 3.20 GHz,内存 12 GB 的台式电脑上进行求解。得到席位存量分配方案和编组数量方案如表 5-7 所示。目标函数值(简写为 VOF)为 762 671 元,求解时间为 15.78 s。该实验的计算规模接近实际情形,因此计算复杂性能够满足实际应用的需要。将 8 编固定编组(简写为 TC—8)和 16 编固定编组(简写为 TC—16)条件下的两种席位存量分配方案进行对比分析。本章提出的可变编组方案用 TC—F 代表。图 5-11 为三个票价等级下各方案的对比,图 5-12 为两个票价等级下各方案的对比。三个票价等级包括全价票、八折票和六折票。两个票价等级包括全价票和八折票。

表 5-7 席位存量分配方案和编组方案

w	G1			G3			G5			G7		
	$k=1$	$k=2$	$k=3$	$k=1$	$k=2$	$k=3$	$k=1$	$k=2$	$k=3$	$k=1$	$k=2$	$k=3$
1	0	0	0	0	0	0	110	105	133	121	117	142
2	23	21	27	57	56	71	0	0	0	26	25	33
3	0	0	0	0	0	0	35	33	53	31	29	47
4	0	0	0	54	51	86	0	0	0	45	41	72
5	0	0	0	0	0	0	20	19	41	18	15	33
6	0	0	0	42	39	97	0	0	0	34	30	79
7	32	29	78	20	18	46	19	17	44	15	13	36
8	0	0	0	0	0	0	0	0	0	48	46	47
9	0	0	0	0	0	0	41	40	50	35	32	30
10	0	0	0	0	0	0	0	0	0	37	33	0
11	0	0	0	0	0	0	24	23	38	20	16	0
12	0	0	0	0	0	0	0	0	0	28	24	0
13	0	0	0	0	0	0	35	32	66	29	26	47
14	0	0	0	0	0	0	0	0	0	43	39	0

续表

w	G1			G3			G5			G7		
	$k=1$	$k=2$	$k=3$	$k=1$	$k=2$	$k=3$	$k=1$	$k=2$	$k=3$	$k=1$	$k=2$	$k=3$
15	0	0	0	32	31	37	0	0	0	22	15	0
16	0	0	0	0	0	0	0	0	0	32	21	0
17	0	0	0	27	25	45	0	0	0	20	17	0
18	19	18	34	14	13	23	0	0	0	9	7	0
19	0	0	0	0	0	0	0	0	0	0	0	0
20	0	0	0	0	0	0	23	22	27	17	0	0
21	0	0	0	0	0	0	0	0	0	67	61	0
22	0	0	0	0	0	0	52	49	79	44	40	57
23	0	0	0	0	0	0	0	0	0	52	11	0
24	0	0	0	28	27	38	0	0	0	21	19	5
25	0	0	0	58	56	84	0	0	0	48	44	65
26	0	0	0	0	0	0	0	0	0	42	41	45
27	0	0	0	0	0	0	77	69	88	35	33	39
28	0	0	0	119	119	123	0	0	0	125	128	133
TC	3			10			9			16		

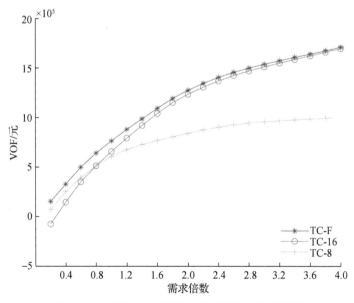

图 5-11 三个票价等级下 VOF 随需求的变化规律

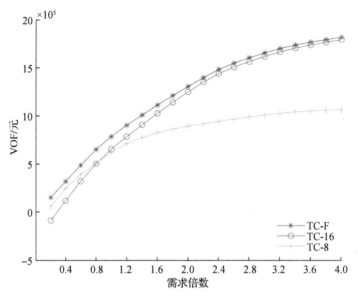

图 5-12 两个票价等级下 VOF 随需求的变化规律

由图 5-11 和 5-12 可以看出,TC—F 优于固定容量下的两组对比方案,特别是当需求强度较低时表现更好。当需求强度足够大时,编组数量达到了上限,所以 TC—F 和 TC—16 的性能趋于一致。

为了说明 TC—F 的优势,根据 $\sum_{b=1}^{B} z_b \tau$ 计算运营成本,并且将运营成本与 VOF 求和,得到期望收益,如表 5-8 所示。

表 5-8 不同需求强度下三种方案的对比

不同需求强度下的指标		TC—8	TC—16	TC—F
$0.4\lambda_w$	期望收益	393 430	408 917	417 988
	运营成本	147 200	294 400	101 200
	VOF	246 230	114 517	316 788
λ_w	期望收益	767 561	946 127	958 347
	运营成本	147 200	294 400	174 800
	VOF	620 361	651 727	783 547
$3\lambda_w$	期望收益	1 154 777	1 911 489	1 920 120
	运营成本	147 200	294 400	266 800
	VOF	1 007 577	1 617 089	1 653 320

当需求参数为 $0.4\lambda_w$,方案 TC—F 的 VOF 值最大,方案 TC—16 的运营成本

最大,同时收益也较大。尽管 16 编组的收益较大,但是运营成本是最高的,因此,低效的资源利用导致了最低的 VOF 值。TC—8 的运营成本是较低的,但是收益也是最低的,VOF 值排在第二。当需求参数为 λ_w 时,TC—16 的表现超过 TC—8,主要是因为客流需求增加了。TC—F 在 VOF 的表现上依然是最佳的。当需求参数为 $3\lambda_w$ 时,TC—F 的运营成本与 TC—16 基本一致,但是 TC—F 在收益和 VOF 值上均表现更佳。综上,TC—F 可以权衡收益和成本以达到最大的 VOF。

3. 实验讨论

本节主要讨论需求强度、票价等级和需求价格弹性对 VOF 和编组数量的影响。通过数值实验,可以获得一些有意义的发现帮助理解影响因素和变化规律。

(1)旅客购票需求对期望收益的影响。图 5-11 和 5-12 表明 VOF 随着需求强度的增加而增加,但是增加速度不断衰减。实际上,当需求足够旺盛,所需要的编组数量一定是最大的,且只出售全价票。此时,若需求再增加,VOF 也不会再变化。另外,不同需求强度下 TC—F 的表现并不一致,需要在经营中针对具体的市场需求情况进行测试和计算。

编组数量随着需求的变化规律如图 5-13 和 5-14 所示,分别展现了两个票

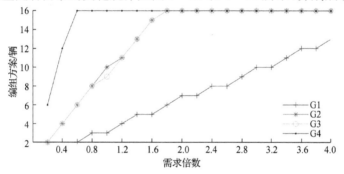

图 5-13 三个票价等级各列车的编组数量变化规律

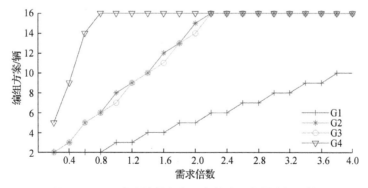

图 5-14 两个票价等级各列车的编组数量变化规律

价等级和三个票价等级时的列车编组数量变化。当需求强度增加时,每列车所需的编组单元数增加,但是增加速度并不一致,因为每列车都是根据旅客选择的结果来调整编组数量的。与传统的固定编组相比,灵活编组在平衡供需方面更胜一筹。

（2）票价等级对期望收益的影响。为了分析折扣销售的效果,计算灵活编组在三种票价体系下的 VOF。如图 5-15 所示,$K=1$ 表示不进行折扣销售,只售全价票;$K=2$ 表示销售全价票和八折票;$K=3$ 表示销售全价票、八折票和六折票。折扣越低,吸引到的需求越多,但是 VOF 却并不一定增加。在数值实验中,需求分布参数小于 $3.8\lambda_w$ 时两个票价等级的表现最好。当需求分布参数接近 $4\lambda_w$ 时,单个票价等级的表现最好。当需求分布参数小于 $2.4\lambda_w$ 时,三个票价等级的表现要超过单个票价等级。说明需求不充分的时候,折扣销售可以带来利润的增加。

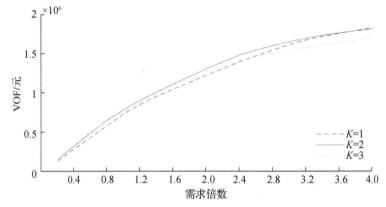

图 5-15 不同票价等级下 VOF 随着需求变化的规律

不同票价等级下的编组数量如图 5-16 所示。折扣销售刺激需求增加,编组数量相应增加。每列车的编组数量随需求变化的规律如图 5-17 所示。可以看出,三个票价等级下,由于折扣力度大,吸引需求的力度大,编组数量很快增加到上限。

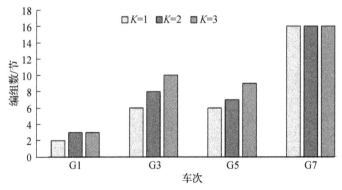

图 5-16 当需求参数为 λ_w 时不同票价等级下各列车编组数量

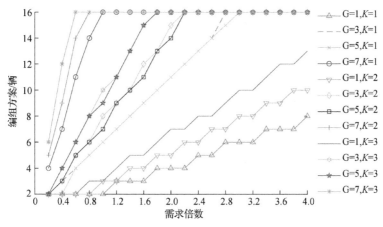

图 5-17　不同票价等级下各列车编组数量随着需求变化的规律

(3) 折扣销售对需求的刺激效果可通过需求价格弹性来描述。当需求分布参数为 λ_w，分别在 $K=2$ 和 $K=3$ 的情形下得到 VOF 随着需求价格弹性变化的规律如图 5-18 所示。市场的需求价格弹性越大，在 $K=2$ 和 $K=3$ 时的 VOF 越大，说明折扣销售策略需要在需求价格弹性较高的市场中使用。当 $E_f<0.75$，八折销售不会增加 VOF。因此，合理设置票价等级需要调查研究市场的需求价格弹性。

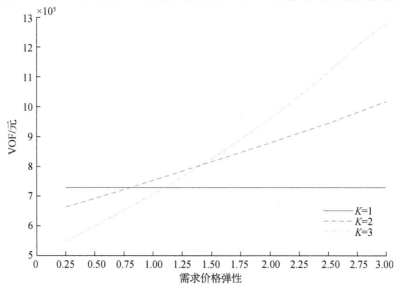

图 5-18　VOF 随着需求价格弹性变化的规律

(4) 常旅客积分敏感系数的影响。常旅客积分的敏感程度代表着不同票价产品的差异化服务的差异化程度。当需求部分参数为 λ_w 时，计算得到 $K=2$ 和 $K=3$ 时的 VOF 随着敏感系数 β 变化的规律如图 5-19 所示。可以看出，旅客对差异化服务元素的敏感性越高,折扣销售带来的期望收益增加的比例越大。因此,对不同票价的产品设置敏感度较高的差异化服务元素能够有效阻止全价需求向折扣票转移。

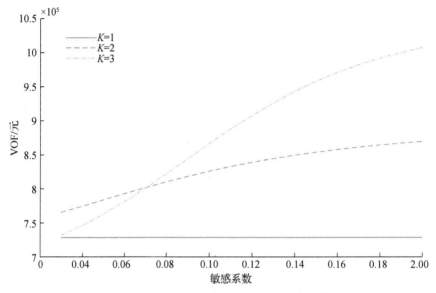

图 5-19　VOF 随着敏感系数 β 变化的规律

5.4.3　实验总结

首先,单列车独立需求下的随机模型的实验结果表明,灵活调整动车组的编组形式,可以将席位容量与需求更好地匹配。基于连续随机需求,在此分析了需求平均水平的影响。当需求平均水平较低时,采用小编组节约运营成本,减少运力资源的浪费。需求平均水平升高时,模型从满足需求的角度为调整编组形式提供了理论分析的方法,有助于高铁运输企业科学合理地调整编组形式,以获得最佳的利润。此外,还分析了需求变动程度的影响,实验结果揭示了面临不同需求随机变动情况下的编组形式调整规律。基于可变编组的收益管理存量控制技术,票价等级的设置存在最佳的合理等级,并不是票价等级越多越好。

其次,多列车情形下,考虑旅客在各客票产品间的选择行为,针对离散的随机需求,利用随机非线性规划模型进行实验分析。实验结果表明,多列车情形下调整各列车编组形式与需求匹配能够改善收益。随着需求增加,由于列车属性不同,各列车调整编组形式的节奏并不一致。此外,不同需求水平下,存在最佳的票价等级使得运输企业的利润最佳。

综上分析,从需求匹配的角度对编组方案进行研究,改变编组方案调节席位容量,对于改善收益有着重要作用。应用该方法进行分析时,需要对需求市场的特征进行调查研究,对编组方案的成本变化进行细致核算。同时,从匹配需求和改善收益的角度对编组方案的优化提出建议,要求运输企业在制订开行方案时考虑可变编组的影响,同时在动车组运用计划编制时要充分考虑到编组调整的柔性。

5.5 本章小结

本章主要探讨了供给容量具有一定柔性时的收益管理问题。基于可变编组的应用,高铁运输企业可改变编组方案调节供给水平。将高铁收益管理与编组数量的优化相结合,分析将传统席位存量控制模型的固定容量约束放开后收益管理策略的效果,为提高高铁运营效率和收益提供一条新途径。从不同场景出发,分别对单列车单独优化和多列车联合优化的机理进行了研究。

(1) 建立了单列车可变编组与席位存量的联合优化模型。针对单列车场景,设定需求为连续随机变量,且各票价等级间的需求独立,构建非线性随机优化模型,并设计了确定性线性规划和粒子群算法(PSO)相结合的算法求解模型,最后设计了若干数值实验来揭示可变编组与收益管理之间的影响规律。数值实验中分别改变需求分布均值、需求分布方差和票价等级,观察目标函数值、编组方案和席位存量分配方案的变化情况。结果表明:需求平均水平越高、需求变动越趋于稳定,最佳编组数量越高,目标函数值越高,说明需求平均水平和波动程度对收益管理策略具有显著影响;票价等级存在最佳等级数,并不是票价等级越多收益性能越好。在运营阶段,运营商可以通过灵活的编组形式改变席位容量,更好地匹配需求,这样不仅可以更好地满足乘客的出行需求,还可以提高运营商的利润。

(2) 建立了多列车可变编组与席位存量的联合优化模型。针对多列车联合优化问题,考虑离散随机需求和旅客选择行为,建立概率非线性规划综合优化席位存量分配和编组方案。为了求解方便,将该模型转换为等价的混合整数线性规划模型,利用 ILOG CPLEX 快速求解。数值实验表明:收益管理和灵活编组的联合优化具有较好的效果。当需求强度较低时,灵活编组有助于供需匹配,通过减少运营成本来获得更高的利润;需求强度增加到一定程度时,能够同时优化收益和利润。同时,不同需求强度下存在最佳票价等级,需求强度越低,折扣销售策略表现越好;各列车的编组方案随票价等级的变化而变化,折扣力度越大,刺激产生的购票需求越多,相应的编组数量上升。此外,还分析了需求价格弹性和旅客选择行为中差异化服务元素的敏感系数对收益管理效果的影响。与固定容量下的收益管理模型类似,需要根据市场调查,考虑需求价格弹性、旅客选择行为的影响,来合理设置票价等级。

第 6 章　结论与展望

6.1　主要研究工作及结论

随着我国高速铁路的建设和发展，高速铁路成为我国主要的客运方式之一。但是高铁建设投入大，运营成本高，许多高铁线路处于亏损状态，优化收益成为亟待解决的问题。高铁客票不再是以固定费率、单一形式的价格出售，多级动态票价体系即将逐步实施。在这样的背景下，本书基于既有文献，从优化高铁收益的角度出发，对多级票价体系下的席位存量控制问题进行了系统研究。主要的研究工作总结及结论如下：

（1）基于多级票价体系下的席位存量控制问题的理论分析和基本模型构建。首先分析了我国高铁运营特征，同时从政策环境、技术经济特征和软硬件技术支撑等几个角度分析了实施收益管理的可行性，提出公布实际执行票价进行席位存量控制是高铁收益管理实施的可行方向。然后，从供需平衡的理论出发，分析了基于多级票价体系下的席位存量控制问题，指出高铁运输企业应对需求进行深度分析，合理设计产品，实施优化控制策略调整供给，实现供需精细匹配，从而改善总体收益。最后，考虑旅客购票选择行为，对基于多级票价体系的席位存量控制问题建立动态规划模型。基于模型特点，指出近似求解和获得控制策略的思路，为后续研究奠定基础。

（2）基于动态规划分解的席位动态控制策略优化模型和算法研究。本书采用动态规划分解和仿真的方法研究席位存量控制模型，考虑旅客的选择行为，提出高铁多列车、多停站网络的两阶段席位动态控制机制。将基于最小二乘法的策略迭代算法与基于马尔科夫链选择模型的品类优化算法相结合，提出席位动态控制模型的近似求解算法和生成实时控制策略的算法。首先，基于动态规划资源分解的原理得到价值函数的近似表达式。其次，通过仿真随机样本路径，应用最小二乘法估计投标价格,再使用策略迭代算法对投标价格进行迭代更新。然后,将投标价格作为输入,采用基于马尔科夫链选择模型的品类优化算法,提供在线实时可售客票产品集合控制策略。最后,针对高铁线路设计仿真实验,结果表明动态控制机制可行,在不同参数下收益性能较为稳定。在供给充足,需求水平较低的情况下能够有效改善收益,且保护长途票额。由于马尔科夫链选择模型能够有效描述多种选择行为机理,所以该动态控制机制适用范围很广。该方法采取随机仿真的方式获得样本数据,为新开通或者尚未实行多级票价的线路提供了席位存量控制的优化方法。运营一段时间后,可以采用历史样本数据进行参数估计,应用大数据分析和机器学习的技术定期更新选择行为参数和投标价格,实现控制策略的持续优化。

(3) 基于随机规划的多级票价体系下高铁席位存量分配模型和控制策略仿真研究。本书采用随机规划的方法研究席位存量控制模型,利用非齐次泊松过程描述购票需求,考虑高铁运输市场中旅客的选择行为对随机需求进行估计,构建多等级票价体系下高铁多列车多停站网络的席位存量分配模型,然后将其转化为等价的线性规划并利用 ILOG CPLEX 快速求解。基于该模型的最优分配结果,生成单阶段静态预订限制控制策略和多阶段动态预订限制控制策略,并设计仿真算法对比研究两种控制策略的性能。数值实验表明:该模型的计算复杂度可满足实际应用的需求。模型得到的最优席位存量分配方案根据对总收益的贡献度,依次满足全价长途、全价短途、折扣长途和折扣短途需求,且长途需求主要由停站较少的列车满足。利用席位存量分配模型对不同参数下的折扣销售收益变化进行测试,表明折扣销售需要在市场客流需求强度低且需求价格弹性较高的情形下,合理设定差异化服务和折扣等级才能提高期望总收益。实际运营中应结合具体市场的旅客选择行为特征和需求特性进行研究和测试,为合理的折扣销售提供科学依据。控制策略仿真实验表明,多阶段重复优化获得的动态控制策略的期望收益和平均客座率均超过单阶段静态控制策略。

(4) 基于可变编组的高铁席位存量控制模型研究。针对高铁运输中采用可变编组技术调节编组方案使席位容量具备一定柔性的特点,将高铁收益管理与编组方案的优化相结合,分析固定容量约束放松后的收益管理问题,为提高高铁运营效率和收益提供了新的方法和思路。首先针对单列车席位存量分配与可变编组的联合优化问题建模,并设计了确定性线性规划和粒子群算法(PSO)相结合的算法求解模型,数值实验表明将编组方案与席位存量控制联合优化能够产生很好的效益。在运营阶段,运营商可以通过灵活的编组形式改变席位容量,更好地匹配需求,这样不仅可以更好地满足乘客的出行需求,还可以提高运营商的利润。然后针对多列车协同优化问题,假设购票需求到达服从非齐次泊松过程,考虑旅客购票选择行为,建立随机非线性规划模型综合优化席位存量分配和编组方案。为了求解方便,将该模型转换为等价的混合整数线性规划模型,利用 ILOG CPLEX 快速求解。数值实验表明收益管理和可变编组的联合优化具有较好的效果。当需求强度较低时,可变编组有助于供需匹配,通过减少运营成本来获得更高的利润;需求强度增加到一定程度时,能够同时优化收益和利润。

6.2　主要创新点

本书以优化高铁收益为目标,基于收益管理理论和我国高铁运营特征,研究工作的创新性主要体现在如下几个方面:

(1) 提出了综合考虑随机需求、旅客选择行为、多级票价体系、多列车、多停站的高铁席位存量动态控制优化方法。针对基于多级票价体系的高铁席位存量控制模型,设计两阶段控制机制,提出将基于仿真的近似动态规划算法与马尔科夫链品类优化算法相结合的近似求解算法和在线生成实时控制策略的算法,为基于顾客选择的网络收益管理问题提供了新的解决思路。相对于既有的研究成果,该算法可以得到高铁席位动态控制实时优化策略,并且面向多种选择行为模型,具有较好的扩展性。当积累足够历史样本数据时,可应用大数据分析和机器学习的技术定期更新选择行为参数和投标价格,实现控制策略的持续优化。

(2) 提出了综合考虑随机需求、旅客选择行为、多级票价体系、多列车、多停站的高铁席位存量静态分配模型,并生成单阶段和多阶段席位存量控制策略。既有研究中高铁席位存量分配主要针对单一票价下列车席位在不同 OD 之间的分配,少量多级票价下的席位存量分配研究则以独立需求为假设。本书以优化高铁收益为目标,采用随机规划的方法构建了基于旅客选择行为的高铁列车席位存量分配模型,提出多级票价体系下高铁席位存量多列车协同分配的方法,并以最优分配结果为基础生成席位存量的单阶段静态控制策略和多阶段动态控制策略。本书构建的模型从理论上为基于顾客选择的网络收益管理问题探索了静态近似解决方法,实践中能够为具体高铁市场制订折扣销售策略提供测试方法和生成控制策略。

(3) 提出基于可变编组的高铁列车席位存量分配优化模型。既有高铁席位控制优化研究中未见考虑可变编组情形下的席位存量控制问题。既有收益管理理论研究主要基于固定容量进行研究,少量以航空机型调换为背景的柔性容量的理论研究。本书以可变编组策略调节席位容量为背景,提出可变编组与席位存量分配的联合优化模型,通过实验分析获得可变编组下席位存量分配的基本规律。本书构建的模型,从理论上拓展了基于柔性容量的收益管理研究范畴,实践中能够从收益的角度为编组方案的制订提供决策依据,还可为基于可变编组的席位管理提供票额预分的优化方法。

6.3 研究展望

本书对多级票价体系下的席位存量控制问题进行了研究,但由于现阶段作者的能力有限,同时受到研究时间、研究条件和现有数据等方面的限制,本书还存在一些不足和需要进一步深入研究的问题:

(1) 针对具体市场的高铁旅客购票需求分析和选择行为的建模研究。本书着重关注基于旅客购票选择行为的席位存量控制的模型构建、求解及控制策略生成,而旅客购票的总体需求特征和微观购票选择行为等都作为外生参数输入,后续研究中可针对具体的高铁市场,研究实际应用中总体需求特征和旅客购票行为的参数估计问题。还可针对具体高铁市场中历史购票到达规律,研究便于实际应用的简化控制策略和方法。

(2) 从机器学习的角度改进最小二乘法的策略迭代算法,构建基于历史数据的控制策略持续优化的机制。本书通过仿真的方式获取价值函数的样本数据进行策略迭代从而获得投标价格控制策略,未来的研究可结合大数据分析和机器学习的算法,将高铁市场需求预测、旅客购票选择行为刻画与基于历史数据的策略迭代算法联合起来,形成控制策略连续的优化机制。

(3) 可变编组与席位存量控制动态优化模型的构建与求解。本书对可变编组与席位存量分配联合优化进行了初步探索,着重关注了可变编组与席位存量耦合对收益的影响,未对可变编组下不同编组方案的成本进行精确核算。随着可变编组技术的成熟,未来的研究可对各可行组方案的运营成本进行核算,刻画列车容量与编组方案的关系,并在此基础上研究基于可变编组的席位存量控制动态优化模型和算法。

(4) 考虑批量订购、团体优惠、退票、票价优化等其他因素的高铁席位存量控制模型和算法研究。批量订购和退票是高铁运营中常见的现象,未来的研究可以考虑这些因素的影响。虽然目前高铁运营中尚无团体优惠,但针对客流不足的线路,团体优惠策略将有助于改善收益,未来的研究可以从团体优惠下的收益管理策略展开。此外,从票价优化和存量控制两个角度同时优化收益,对高铁存量控制与动态票价的联合优化也是未来的研究方向。

参考文献

[1] Littlewood K. Forecasting and Control of Passenger Bookings [C]. AGIFORS 12th Annual Sympos. Proc., Nathanya, Israel, 1972

[2] Rothstein M. An Airline Overbooking Model [J]. Transportation Science, 1971, 5(2): 180-192

[3] Rothstein M. Hotel Overbooking as a Markovian Sequential Decision Process [J]. Decision Science, 1974, 5(3): 389-404

[4] Belobaba P P. Air Travel Demand and Airline Seat Inventory Management [D]. Cambridge, MA: MIT, 1987

[5] Belobaba P P. Airline Yield Management: An Overview of Seat Inventory Control [J]. Transportation Science, 1987, 21(2): 63-73

[6] Belobaba P P. Application of a Probabilistic Decision Model to Airline Seat Inventory Control [J]. Operations Research, 1989, 37(2): 183-197

[7] Weatherford L R, Samuel E B. A Taxonomy and Research Overview of Perishable—Asset Revenue Management: Yield Management, Overbooking, and Pricing [J]. Operations Research, 1992, 40(5):831-844

[8] McGill J I, Van Ryzin G J. Revenue Management: Research Overview and Prospects[J]. Transportation Science, 1999, 33(2):233-256

[9] Talluri K, Van Ryzin G J. The Theory and Practice of Revenue Management [M]. Boston: Kluwer Academic Publishers, 2004

[10] Talluri K, Van Ryzin G J. Revenue Management under a General Discrete Choice Model of Consumer Behavior[J]. Management Science, 2004, 50(1):15-33

[11] Cooper W L, Homem-De-Mello T, Kleywegt A J. Models of the Spiral-down Effect in Revenue Management[J]. Operations Research, 2006, 54(5):968-987

[12] Zhang D, Cooper W L. Revenue Management for Parallel Flights with Customer-Choice Behavior[J]. Operations Research, 2005, 53(3): 415-431

[13] Liu Q, Van Ryzin G J. On the Choice-Based Linear Programming Model for Network Revenue Management[J]. Manufacturing & Service Operations Management, 2008, 10(2):288-310

[14] Kunnumkal S, Topaloglu H. A Refined Deterministic Linear Program for the Network Revenue Management Problem with Customer Choice Behavior[J]. Naval Research Logistics (NRL), 2008, 55(6):563-580

[15] Bront J J M, Méndez-Díaz I, Vulcano G. A Column Generation Algorithm for Choice-Based Network Revenue Management[J]. Operations Research, 2009, 57(3):769-784

[16] Meissner J, Strauss A, Talluri K. An Enhanced Concave Program Relaxation for Choice Network Revenue Management[J]. Production and Operations Management, 2013, 22(1):71-87

[17] Gallego G, Ratliff R, Shebalov S. A General Attraction Model and Sales-Based Linear Program for Network Revenue Management under Customer Choice[J]. Operations Research, 2015, 63(1):212-232

[18] Kunnumkal S, Topaloglu H. A Refined Deterministic Linear Program for the Network Revenue Management Problem with Customer Choice Behavior[J]. Naval Research Logistics (NRL), 2008, 55(6):563-580

[19] Kunnumkal S. Randomization Approaches for Network Revenue Management with Customer Choice Behavior[J]. Production & Operations Management, 2015, 23(9):1617-1633

[20] Kunnumkal S, Topaloglu H. A New Dynamic Programming Decomposition Method for the Network Revenue Management Problem with Customer Choice Behavior[J]. Production & Operations Management, 2010, 19(5):575-590

[21] Cheung W C, Simchilevi D. Efficiency and Performance Guarantees for Choice-Based Network Revenue Management Problems with Flexible Products[J]. Social Science Electronic Publishing, 2016

[22] Van Ryzin G, Vulcano G. Computing Virtual Nesting Controls for Network Revenue Management under Customer Choice Behavior[J]. Manufacturing & Service Operations Management, 2008, 10(3), 448-467

[23] Koch S. Least Squares Approximate Policy Iteration for Learning Bid Prices in Choice-Based Revenue Management[J]. Computers & Operations

Research, 2017, 77:240-253

[24] Chen L, Homem T. Mathematical Programming Models for Revenue Management under Customer Choice[J]. European Journal of Operational Research, 2010, 203(2):294-305

[25] Feldman J B, Topaloglu H. Revenue Management under the Markov Chain Choice Model[J]. Operations Research, 2017,65(5), 1322-1342

[26] Straussa A K, Kleinb R, Steinhardtc C. A Review of Choice-Based Revenue Management: Theory and Methods[J]. European Journal of Operational Research, 2018, 271(2):375-387

[27] Bitran G, Caldentey R. An Overview of Pricing Models or Revenue Management [J]. Manufacturing & Service Operations Management, 2003, 5(3): 203-229

[28] Gallego G, Van Ryzin G J. Optimal Dynamic Pricing of Inventories with Stochastic Demand over Finite Horizons[J]. Management Science, 1994, 40(8):999-1020

[29] Feng Y, Gallego G. Optimal Starting Times for End-of-Season Sales and Optimal Stopping Times for Promotional Fares[J]. Management Science, 1995, 41(8):1371-1390

[30] Bitran G R, Mondschein S V. Periodic Pricing of Seasonal Products in Retailing[J]. Management Science, 1997, 43(1):64-79

[31] Gallego G, Van Ryzin G. A Multiproduct Dynamic Pricing Problem and Its Applications to Network Yield Management[J]. Operations Research, 1997, 45(1):24-41

[32] You P S. Dynamic Pricing in Airline Seat Management for Flights with Multiple Flight Legs[J]. Transportation Science, 1999, 33(2):192-206

[33] Zhao W, Zheng Y S. Optimal Dynamic Pricing for Perishable Assets with Nonhomogeneous Demand[J]. Management Science, 2000, 46(3):375-388

[34] Feng Y, Xiao B. A Continuous-Time Yield Management Model with Multiple Prices and Reversible Price Changes[J]. Management Science, 2000, 46(5): 644-657

[35] Feng Y, Gallego G. Perishable Asset Revenue Management with Markovian Time Dependent Demand Intensities[J]. Management Science, 2000, 46(7):941-956

[36] Chatwin R E. Optimal Dynamic Pricing of Perishable Products with Stochastic Demand and a Finite Set of Prices[J]. European Journal of

Operational Research, 2000, 125(1):149-174

[37] Currie C S M, Cheng R C H, Smith H K. Dynamic Pricing of Airline Tickets with Competition[J]. Journal of the Operational Research Society, 2008, 59(8):1026-1037

[38] Levin Y, McGill J, Nediak M. Risk in Revenue Management and Dynamic Pricing[J]. Operations Research, 2008, 56(2):326-343

[39] Feng Y, Xiao B. A Risk-Sensitive Model for Managing Perishable Products[J]. Operations Research, 2008, 56(5):1305-1311

[40] Chen M, Chen Z L. Recent Developments in Dynamic Pricing Research: Multiple Products, Competition, and Limited Demand Information[J]. Production and Operations Management, 2015, 24(5), 704-731

[41] Weatherford L R. Using Prices More Realistically as Decision Variables in Perishable—Asset Revenue Management Problems[J]. Journal of Combinatorial Optimization, 1997, 1(3):277-304

[42] 李晓花,萧柏春. 航空公司收入管理价格与舱位控制的统一分析[J]. 管理科学学报,2004,7(6):63-69

[43] Feng Y, Xiao B. Integration of Pricing and Capacity Allocation for Perishable Products[J]. European Journal of Operational Research, 2006, 168(1):17-34

[44] Chew E P, Lee C, Liu R. Joint Inventory Allocation and Pricing Decisions for Perishable Products[J]. International Journal of Production Economics, 2009, 120(1):139-150

[45] Becher M. Simultaneous Capacity and Price Control Based on Fuzzy Controllers[J]. International Journal of Production Economics, 2009, 121(2):365-382

[46] Cizaire C. Optimization Models for Joint Airline Pricing and Seat Inventory Control: Multiple Products, Multiple Periods[D]. Boston: Massachusetts Institute of Technology, 2011

[47] 李豪,熊中楷,屈卫东. 基于乘客分类的航空客运座位控制和动态定价综合模型[J]. 系统工程理论与实践,2011,31(6):1062-1070

[48] 李豪,彭庆. 竞争环境下基于乘客分类的航空客运机票控制和动态定价综合模型[J]. 数学的实践与认识,2016,46(22):1-12

[49] 倪冠群,徐寅峰,徐玖平. 航空收益管理价格和座位在线联合控制策略[J]. 管理科学学报,2014(7):10-21

[50] 杨华龙,刘迪,王霞,等.集装箱班轮运输两阶段舱位分配与动态定价模型[J].系统工程理论与实践,2012,32(12):2684-2691

[51] 刘迪.基于收益管理的集装箱海铁联运箱位分配与动态定价优化研究[D].大连:大连海事大学,2015

[52] Armstrong A,Meissner J. Railway Revenue Management:Overview and Models[J]. Working Papers,2010

[53] Ciancimino A,Inzerillo G,Lucidi S,et al. A Mathematical Programming Approach for the Solution of the Railway Yield Management Problem[J]. Transportation Science,1999,33(2):168-181

[54] You P S. An Efficient Computational Approach for Railway Booking Problems[J]. European Journal of Operational Research,2008,185(2):811-824

[55] 包云,刘军,马敏书,等.高速铁路嵌套式票额分配方法研究[J].铁道学报,2014(8):1-6

[56] 赵翔,赵鹏,李博.多列车多停站方案条件下高速铁路票额分配研究[J].铁道学报,2016,38(11):9-15

[57] 骆泳吉,刘军,赖晴鹰.考虑通售席位的旅客列车票额优化方法[J].铁道学报,2016,38(5):11-15

[58] 李丽辉.基于旅客行为分析的高速铁路收益优化研究[D].北京:中国铁道科学研究院,2017

[59] 朱颖婷.铁路客运票价策略与收益优化研究[D].北京:中国铁道科学研究院,2015

[60] Ongprasert S. Passenger Behavior on Revenue Management Systems of Inter-City Transportation[D]. Kami:Kochi University of Technology,2006

[61] Hetrakul P,Cirillo C. Accommodating Taste Heterogeneity in Railway Passenger Choice Models Based on Internet Booking Data[J]. Journal of Choice Modelling,2013,6:1-16

[62] Hetrakul P,Cirillo C. A Latent Class Choice Based Model System for Railway Optimal Pricing and Seat Allocation[J]. Transportation Research Part E Logistics & Transportation Review,2014,61(61):68-83

[63] 张力,蓝伯雄.基于旅客选择的高速铁路客运收益管理研究[J].运筹与管理,2012,21(02):116-125

[64] 钱丙益,帅斌,陈崇双,等.基于旅客 Buy-up 行为的铁路客运专线收益管理模型[J].铁道学报,2013,35(8):10-15

[65] 史峰,陈彦,周文梁,等.基于用户平衡分析的铁路旅客列车票额分配计划制

定及评价方法[J]. 中国铁道科学,2008,29(6):98-103

[66] 钱丙益. 基于旅客选择行为的客运专线收益管理研究[D]. 成都:西南交通大学,2014

[67] 包云. 铁路列车席位控制理论和方法研究[D]. 北京:北京交通大学,2013

[68] Hosseinalifam M, Marcotte P, Savard G. Network Capacity Control under A Nonparametric Demand Choice Model[J]. Operations Research Letters, 2015, 43(5):461-466

[69] Hosseinalifam M, Marcotte P, Savard G. A New Bid Price Approach to Dynamic Resource Allocation in Network Revenue Management[J]. European Journal of Operational Research, 2016, 255(1):142-150

[70] Wang X, Wang H, Zhang X. Stochastic Seat Allocation Models for Passenger Rail Transportation under Customer Choice[J]. Transportation Research Part E, 2016, 96:95-112

[71] 骆泳吉. 铁路席位控制建模与优化方法研究[D]. 北京:北京交通大学,2017

[72] 赵翔,赵鹏,姚向明,等. 高速列车折扣票价与票额分配组合优化模型[J]. 东南大学学报:自然科学版,2018,48(4):759-765

[73] 单杏花. 铁路客运收益管理模型及应用研究[D]. 北京:中国铁道科学研究院,2012

[74] 包云,刘军,马敏书. 车票预售期内旅客购票请求到达过程分析与仿真[J]. 北京交通大学学报,2012,36(6):27-32

[75] Bao Y, Liu J, Ma M, et. al. Seat Inventory Control Methods for Chinese Passenger Railways[J]. 中南大学学报(英文版), 2014, 21(4):1672-1682

[76] 包云,刘军,刘江川,等. 基于随机需求的单列车票额分配方法[J]. 中国铁道科学,2015,36(02):96-102

[77] 宋河. 京沪高速铁路优化运营理论与应用研究[D]. 北京:华北电力大学,2015

[78] 卫铮铮. 基于客户分层的高速铁路收益管理需求预测研究[D]. 北京:中国铁道科学研究院,2015

[79] 乔珂,赵鹏,文佳星. 基于潜在类别模型的高铁旅客市场细分[J]. 交通运输系统工程与信息,2017,17(2):28-34

[80] Jiang X, Chen X, Zhang L, et. al. Dynamic Demand Forecasting and Ticket Assignment for High-Speed Rail Revenue Management in China[J]. Transportation Research Record: Journal of the Transportation Research Board, 2015, 2475(1):37-45

[81] 刘帆洨,彭其渊,梁宏斌,等. 铁路客运票额预售控制决策模型研究[J]. 铁道

学报,2018,40(1):17-23

[82] Bharill R, Rangaraj N. Revenue Management in Railway Operations: A Study of the Rajdhani Express, Indian Railways[J]. Transportation Research Part A: Policy and Practice, 2008, 42(9):1195-1207

[83] 曲思源,徐行方. 城际铁路票额随机分配优化[J]. 华东交通大学学报,2011, 28(4):112-116

[84] 刘华森,程文明,张铭奎. 基于改进遗传算法的旅客列车席位分配组合优化[J]. 中国铁道科学,2016,37(06):113-120

[85] 宋文波,赵鹏,李博,等. 考虑旅客旅行时间的高速铁路票额分配[J]. 东南大学学报(自然科学版),2017,47(5):1062-1068

[86] 四兵锋,高自友. 铁路旅客票价与客流量之间的灵敏度分析[J]. 铁道学报, 1999(4):13-16

[87] 四兵锋,高自友. 城市间旅客列车的票价与流量的灵敏度分析[J]. 北京交通大学学报,2001,25(2):49-53

[88] 高自友,四兵锋. 市场竞争条件下铁路旅客票价制定的模型与算法[J]. 交通运输系统工程与信息,2001,1(1):50-55

[89] 四兵锋,高自友. 合理制定铁路客票价格的优化模型及算法[J]. 管理科学学报,2001,4(2):45-51

[90] 陈建华,高自友. 多模式条件下需求变动时铁路客票价格制定的优化模型及算法[J]. 交通运输系统工程与信息,2001,1(4):299-330

[91] 陈建华,高自友. 基于双层规划模型的铁路票价制定优化策略[J]. 北京交通大学学报(社会科学版),2003,2(3):38-41

[92] 史峰,郑国华,谷强. 铁路客票最优动态票价理论研究[J]. 铁道学报,2002,24(1):1-4

[93] 张秀敏. 我国铁路客票折扣销售研究[D]. 成都:西南交通大学,2005

[94] 张小强,李煜,黄帅勋,等. 基于最大凹向包络的高速铁路客运动态定价策略[J]. 交通运输系统工程与信息,2016,16(6):1-8

[95] 郑金子,高速铁路票价动态优化方法的研究[D]. 北京:北京交通大学,2017

[96] Zheng J, Liu J. The Research on Ticket Fare Optimization for China's High-Speed Train[J]. Mathematical Problems in Engineering, 2016, 5073053

[97] Zheng J, Liu J, David B C. Ticket Fare Optimization for China's High-Speed Railway Based on Passenger Choice Behavior[J]. Discrete Dynamics in Nature and Society, 2017, 6237642

[98] 徐彦. 基于收益管理的高铁动态定价方法[J]. 铁道科学与工程学报,2019,16(2):319-325

[99] 陈建华,高自友. 铁路票价制定策略和线路提速方案的优化分析[J]. 管理科学学报,2004,7(4):49-55

[100] 蓝伯雄,张力. 高速铁路客运专线的收益管理模型[J]. 中国管理科学,2009,17(04):53-59

[101] Chen X, Wang J. Collaborative Optimization of Stop Schedule Plan and Ticket Allotment for the Intercity Train[J]. Discrete Dynamics in Nature and Society,2016,(2016-1-13),2016,2016(1):1-7

[102] Yan Z, Li X, Han B. Collaborative Optimisation of Resource Capacity Allocation and Fare Rate for High-Speed Railway Passenger Transport[J]. Journal of Rail Transport Planning and Management,2019,10:23-33

[103] Crevier B, Cordeau J F, Savard G. Integrated Operations Planning and Revenue Management for Rail Freight Transportation[J]. Transportation Research Part B Methodological, 2012, 46(1):100-119

[104] Zhang X Q, Li L, Le Vine S, et al. An Integrated Pricing/Planning Strategy to Optimize Passenger Rail Service with Uncertain Demand[J]. Journal of Intelligent & Fuzzy Systems, 2019,36(1):435-448

[105] Wu X, Qin J, Qu W, et al. Collaborative Optimization of Dynamic Pricing and Seat Allocation for High-Speed Railways: An Empirical Study from China[J]. IEEE Access, 2019, 7:139409-139419

[106] Barnhart C, Kniker T S, Lohatepanont K M. Itinerary-Based Airline Fleet Assignment[J]. Transportation Science, 2002, 36(2):199-217

[107] Wang X, Regan A. Dynamic Yield Management When Aircraft Assignments Are Subject to Swap[J]. Transportation Research, Part B (Methodological), 2006, 40(7):563-576

[108] Wang X, Meng Q. Continuous-Time Dynamic Network Yield Management with Demand Driven Dispatch in the Airline Industry[J]. Transportation Research Part E Logistics & Transportation Review, 2008, 44(6):1052-1073

[109] Büsing C, Kadatz D, Cleophas C. Capacity Uncertainty in Airline Revenue Management: Models, Algorithms, and Computations [J]. Transportation Science, 2019, 53(2):383-400

[110] Gönsch J, Koch S, Steinhardt C. Revenue Management with Flexible Products: The Value of Flexibility and Its Incorporation into Dlp-Based

Approaches[J]. International Journal of Production Economics,2014,153(7):280-294

[111] Abe I. Revenue Management in the Railway Industry in Japan and Portugal:A Stakeholder Approach[D]. Boston:Massachusetts Institute of Technology,2007

[112] 田原,黄四民,李济坤.收益管理在欧美铁路的应用[J].世界铁路,2008(6):63-66

[113] Ben-Khedher N,Kintanar J,Queille C,et al. Schedule Optimization at SNCF:From Conception to Day of Departure[J]. Interfaces,1998,28(1):6-23

[114] Mitev N N. More than A Failure? The Computerized Reservation Systems at French Railways[J]. Information Technology & People,1996,9(4):8-19

[115] 孔祥安.TGV 法国高速铁路[M].成都:西南交通大学出版社,1997

[116] 陈婧."收益管理"驱动法国廉价高铁[N].新闻晨报,2013-3-26

[117] Li T. Informedness and Customer-Centric Revenue Management[D]. Rotterdam:Erasmus University Rotterdam,2009

[118] 文曙东,王富章,单杏花,等.高速铁路席位碎片化损益研究[J].铁路计算机应用,2015(6):5-8

[119] 玛莎·劳伦斯,查理德·布洛克,刘子铭.中国的高速铁路发展[R].华盛顿:世界银行,2019:29-38

[120] 陈瑞,姜海.基于 Logit 离散选择模型的品类优化问题综述[J].运筹学学报,2017(04):123-139

[121] Blanchet J,Gallego G,Goyal V. A Markov Chain Approximation to Choice Modeling[J]. Operations Research,2016,64(4):886-905

[122] 赵鹏,李云峰,李博.基于时段偏好的高铁旅客车次选择行为研究[J].北京交通大学学报,2017,41(6)

[123] Resnick S I. Adventures in Stochastic Processes[M]. Boston:Birkhäuser,1992

[124] Cooper W L. Asymptotic Behavior of an Allocation Policy for Revenue Management[J]. Operations Research,2002,50(4):720-727

[125] 黄俊辉,肖翔,康洪军,等.中国高铁动车组创新发展的对策研究[J].城市公共交通,2018,239(05):45-49

[126] 宫文平,李博. 国内外灵活编组动车组发展[J]. 国外铁道车辆,2015,52(2): 34-37

[127] 杨帅,赵鹏,康洪军,等. 高速铁路可变编组动车组适用性分析[J]. 铁道运输与经济,2017(11):71-75

[128] 熊力,胡国鹏,贾焕英,等. 论可变编组动车组在京津冀交通圈中的应用[C]. 2017京津冀综合交通技术创新协同发展学术研讨会论文集,2017

[129] 康洪军,赵鹏,杨帅,等. 可变编组动车组合理运用方式及其适用范围分析[J]. 综合运输,2017(09):68-71

[130] 翟茹雪,赵鹏,宋文波,等. 高速铁路可变编组动车组进入市场方式研究[J]. 铁道运输与经济,2017,39(12):22-26

[131] 肖翔,黄俊辉,康洪军,等. 新型可变编组高速动车组创新功能优势及经济效益评价研究[J]. 综合运输,2018,40(4):1-7